妻たちのプロレス

男と女の
場外バトル

ターザン山本
福留崇広

河出書房新社

妻たちのプロレス

男と女の場外バトル

目次

写真＝山内 猛　ブックデザイン＝鈴木成一デザイン室

妻たちのプロレス

男と女の場外バトル

プロレスの「負」を共有する女たち
——「まえがき」にかえて

ターザン山本

プロレスは男の特権的職業である。だが最近は、日米ともに女子レスラーの活躍が著しく、男女平等の世界になっている。以前、アメリカのレスラーはサーキットで全米を移動するため、家を留守にすることが多かった。そのため離婚率は圧倒的に高い。それって一流レスラーも例外ではない。日本はまだまし。ただアントニオ猪木は四回、結婚。ジャイアント馬場は生涯、元子夫人と連れ添った。ここにも二人の違いが見て取れる。

プロレスは他に比類なきジャンルと言われてきた。世の中から常に白眼視、差別された歴史がある。いわゆる八百長というレッテルのことである。これがレスラーの怨念、コンプレックス、情念というマグマに成長していったこともたしかだ。そこから世間を敵視して生きるというアイデンティティが誕生していった。そんなレスラーと結婚。その夫人になることは相当な覚悟が必要。前途には大きなハードルが待っていたはずだ。

彼女たちは惚れられたのか？　見初《みそ》められたのか？　どっちだ。そこには特別な出会いと偶然というドラマがあったはず。レスラーとの結婚には両親、家族、親類が反対する。当然だ。そのレスラーが社会の偏見と真っ向から闘ってきたとしたら、彼女たちはそれ以上に内的、心理的葛藤を体験。どんな風にその自分と向き合ってきたのだろうか。

夫と完全な形で共犯関係を成立させないと結婚生活に展望はない。こういう時の女たちの底力は計り知れないものがある。レスラーの宿命である社会的負の部分を共有した時、女たちはある部分、怪物化していく。そのことは外見からは何も見えてこない。分からない。まったくのポーカーフェイスだ。

そこには世間一般に共通する結婚形態とはおよそかけ離れたものがある。しかし今まで一度もその点にスポットライトが当てられたことはない。やはり日本は基本、男社会である。まして肉体の強靭さを売りものにしているプロレスでは妻たちの立場は無視され続けてきた。

リング上では超人、強者たるレスラーが家庭でもそのパートナーに対して強者であるとは限らない。男が女に勝てるのは昔から腕力しかないというのが定説だ。家庭内での六メートル四方のリングではそのシングルマッチははたしてどんな試合内容だったのか。

そういうよからぬ妄想、想像力を働かせてみるのも面白い。楽しい。プロレスラーたちの隠された無意識があぶり出されてくるかも。それがスターレスラーであればあるほど興味深い。男と女の関係性にたしかな答えなど初めからあるはずがない。百組のカップルがいたら百通りのストーリーがある。その多様性にまた好奇心をそそられるのだ。

妻たちのプロレス。その視点を発見したのは幸運だった。プロレスは新しい視点を創造し続けていった時、ジャンルとして再生していく。しかしそれにしてもここに登場したレスラーの妻たちはなぜこんなにも輝いているのだろうか？　強いのだろうか？　魅力的なのだろうか？

第1章

力道山の妻・田中敬子

―― 今もあの笑顔を胸に

文＝福留崇広

写真提供＝田中敬子

力道山《りきどうざん》

本名・百田光浩。一九二四年一一月一四日、朝鮮咸鏡南道洪原郡新豊里（現在の北朝鮮）生まれ。一五歳で大相撲の二所ノ関部屋に入門し初土俵。関脇まで昇進するも一九五〇年の九月場所前に引退する。その後、プロレスラーへ転身し、一九五四年二月一九日に蔵前国技館で日本初の本格的プロレス興行を手掛け、プロレスブームを築く。一九六三年一二月八日にナイトクラブで刺され、同月一五日に三九歳で急逝する。

田中敬子《たなか・けいこ》

一九四一年六月六日、神奈川県横浜市生まれ。神奈川県立横浜平沼高校卒業後の一九六一年に日本航空に入社。一九六三年六月、力道山と結婚。同年一二月に夫が亡くなったあとは、会社経営などに携わってきた。

スチュワーデスとして世界を飛ぶ

力道山の妻・田中敬子の最も古い記憶は、B－29の轟音と火の海に包まれた横浜の街だった。

昭和二〇年五月二九日朝、アメリカ軍の「B－29爆撃機」と「P－51戦闘機」は、横浜市へ大量の焼夷弾を投下した。後に「横浜大空襲」と呼ばれた無差別攻撃は一万人とも言われる横浜市民の命を奪った。

当時、敬子は三歳だった。祖母に手を引かれて、保土ヶ谷にあった自宅近くの神社へ逃げた。

「頭に座布団をかぶって近所の杉山神社へ逃げました。敷布団をかぶって逃げる大人の姿も覚えています」

高台にある神社から真っ赤な炎に包まれた横浜の街が見えた。

「目の前が全部、火の海っていうあの光景とB－29のゴォーッていうエンジン音は今も耳に残っています」

戦争の記憶は刻まれているが母親・鶴子の思い出はおぼろげだ。母は横浜大空襲の直前、五月三日に二七歳で亡くなった。

「二歳下の弟に畑でお乳をあげている母の姿をなんとなく覚えているぐらいなんです」

母は肺の病で命を失った。親は父の勝五郎一人となった。父は戦前から戦中まで陸軍の軍人で、日中戦争では満州へ従軍していた。終戦後は、警察官となり神奈川県警の機動隊員として勤務していた。

母は失ったが父と同居していた祖母に育てられた敬子は、小学二年の時に保土ヶ谷から根岸へ引っ越した。この転居が海外へのあこがれを抱くきっかけとなる。新居の隣に米軍の将校が住んでいたのだ。

「お隣には、坊やが二人いて一緒に遊ぶようになって、彼らと話す中で英語を覚えていったんです。外国の人の生活を間近に感じる環境で大人になったら海外を見たいって自然に思うようになりました」

海外を身近に感じた敬子だったが、敗戦国だった日本は外国への劣等感と抵抗、さらに差別が根強かったと振り返る。思い出すのは、小学校時代に敬子が友達の家に遊びに行った時のことだった。おやつをもらって帰ると近所の大人から「なんで、あそこの家に行ったの？」と言われたという。

「私は『なんで、いけないの？』って聞いたんです。そうすると『あそこは朝鮮人が住んでいるから』って言うだけで、そんなの理由になってませんよね」

どうして朝鮮人が住む場所へ行ってはいけないのか？　納得できなかった敬子は、父に思いをぶつけた。すると勝五郎は「あそこは、在日朝鮮人の人が住んでいるだけで、どうってことないところだよ。遊びに行っていいんだよ」と答えたという。

「父、祖母からずっと私は『人を国で差別しちゃいけないよ』って言われてきました。どんな国の人でもその人のことを知る前に国や人種で区別しちゃいけないってことをずっと教えられてきました」

父の教えと育った環境で敬子は、出自で人に偏見を持つことなく、海外へのあこがれを膨らませた。神奈川県立横浜平沼高校へ進むと、英語で書いた懸賞論文が、入賞するほど語学は上達し、将来「外交官」になる夢を抱いた。

大学はさらに英語を学ぼうと国際基督教大学を志したが、受験で不合格となってしまう。浪人してお茶の水にある学校に通っていた時、国鉄の御茶ノ水駅に貼ってあったポスターに足が止まった。そこには「日本航空　スチュワーデス　若干名募集」と告知されていた。条件は、「高卒可」、他に身長は一五八センチ以上、眼鏡とコンタクトを使用している者は不可と記されていた。身長一六一センチで視力も良好だった敬子は、条件を満たしていた。

「そのポスターを見た時に『ちょっと試験度胸を試すために受けてみよう』って思って応

募したんです」

気軽な気持ちでの応募だったが筆記の一次試験、二次の面接、三次の英語面接、最終の身体検査と四段階の壁を乗り越えて合格した。この時の入社試験には三千人もの応募があったという。受かったのは敬子を含めてわずか一五人だった。倍率二百倍の超難関を突破したことで外交官の夢を捨て昭和三六年一月、一九歳で日本航空に一九期生として入社した。

昭和二六年八月に事業を開始した日本航空は、当時国内で唯一となる国際線の定期便を許可された半官半民の企業で、敬子が入社した三六年はそれまでのアメリカのロサンゼルス、サンフランシスコ、ハワイといった航路に加え、六月に欧州への定期便がスタートし、路線が拡大した節目の年となった。仕事は超多忙で、フライト時間は一か月で百時間を超える月もあった。

「今の時代なら絶対に認められないし、ありえない労働時間ですよね（笑）。目が回るほど忙しかったんですけど、仕事が本当に楽しくて嫌なことはひとつもありませんでした」

世界中を飛んでいた充実の時、入社翌年の昭和三七年に敬子の知らないところである人物との出会いへの準備が進んでいた。その男性が国民的英雄とうたわれたプロレスラー、力道山だった。

一五歳だった昭和一五年五月場所で大相撲の二所ノ関部屋から初土俵を踏んだ力道山は、昭和二四年五月場所では関脇まで昇進したが翌二五年の九月場所前に突然引退した。その後は、後援者が経営する「新田建設」で勤めながらプロレスラーへの転身を決意する。アメリカでの修行を経て、日本プロレスリング協会を設立し昭和二九年二月一九日に蔵前国技館で最強の柔道家と評された木村政彦とタッグを組んで、ベンとマイクのシャープ兄弟と対戦した。日本で初めての本格的なプロレス興行となった一戦は、前年の昭和二八年二月にスタートしたテレビジョンで放送され爆発的な人気を獲得する。黒タイツ姿で必殺の空手チョップで外国人をなぎ倒す力道山の雄姿は、敗戦で打ちひしがれた多くの日本人にとって勇気の象徴だった。

機内で知り合った力道山とホテルで会食

そんな戦後最大のスターと敬子との接点は、父・勝五郎がきっかけだった。父は、当時、神奈川県警茅ヶ崎署の署長へ昇進し、同じ神奈川県が本拠地だった大洋ホエールズに在籍する強打者、森徹の母親・信《のぶ》と懇意にしていた。ある時、信から息子の結婚を相談された勝五郎は、敬子を推薦し娘の写真を渡した。しかし、徹には、すでに将来を約束した女性がいた。代わりに「兄貴」と慕っていた力道山にこの写真の女性を紹介することを思い立った。

力道山は、力士時代に巡業した満州で飲食店を営んでいた信と知り合い、以来、家族ぐるみで親しく付き合い、徹とは兄弟のような間柄だった。徹は、敬子の写真を力道山に見せ、日本航空に勤め、父親は茅ヶ崎警察署の署長であることなどを紹介したところ、「ぜひ会いたい」と熱望したという。この昭和三七年は、力道山にとってリング上で思わぬ事態が起きた年でもあった。四月二七日、かみつき攻撃が必殺技で「吸血鬼」の異名を取ったフレッド・ブラッシーが出場した神戸市・王子体育館での六人タッグマッチがテレビ生中継された際、かみつく姿を見た老人が名古屋、京都などで相次いでショック死し、プロレスが世間から非難を浴びていた。

社会問題化した「ショック死事件」を抱えながら力道山は私生活で敬子との出会いへ行動を開始する。日本航空の有力な株主という特権を駆使し「田中敬子」が乗務するフライトを調べ、九月上旬、敬子が乗務するロサンゼルス便のファーストクラスへ乗り込んだ。

当時、すべての客室乗務員は、ファーストクラスの乗客にあいさつする慣例があった。敬子は、力道山のもとへ行き「一九期の田中敬子でございます」と頭を下げた。その時、力道山はこう漏らした。

「あぁ君か……」

初めて交わした言葉の意味を敬子は今、振り返る。

「確かに『君か』って言ったんです。その時は、もちろん、気が付きませんでしたけど、『君か』って言ったということは、事前に私のことを知っていたっていうことだったんですね」

父が森信に自分の写真を渡し、そこから力道山へつながったことなど、当時の敬子はまったく知らなかった。「君か」のつぶやきの意味もすべては、後から分かったことだった。

この時、力道山は酒を飲んでいた。敬子が「お酒がお強いんですね」と微笑むと「いや、そうじゃないんです。僕は飛行機が怖いんですよ。だから酒を飲んでまぎらわせようとしているだけなんです」と冷や汗を浮かべながら苦笑いしたという。

もちろん、力道山という人物を敬子は知っていた。ただ、自分自身はプロレスにまったく興味はなく力道山が出現した当時、街頭テレビを見に行く父と弟の姿に「あんな野蛮なもの何が面白いのかしら」と思っていた。だから、初対面の時もスーパースターをもてなすという仰々しい堅苦しさも緊張もなく他の乗客と同じように接することができた。

「その時は、リングの上では強い人なのに『飛行機が怖い』って、イメージと違うことをおっしゃるんだなって思ったぐらいでした」

機上の初対面を経て、ロサンゼルスに着くと力道山が搭乗便のすべての乗務員を食事に招待し、敬子も同席した。食事会で力道山は、終始、和やかで特別に敬子だけに話をしたことはなかった。そして、帰国するとすぐ横浜の自宅に一本の電話がかかってきた。相手は、力道山が最も信頼していた雑誌「週刊明星」の記者で、要件は力道山からの会食の招待だった。

敬子は、力道山に電話番号も住所も教えていなかった。にもかかわらず電話がかかってきたのは、乗務する便を調べた時と同じように日本航空の社内から情報を得ていたのだろう。個人情報などという言葉も規制もない、今では考えられない昭和三〇年代のおとぎ話のような実話だった。

思いも寄らない誘いを敬子は断った。それでも、自宅に何回も同じ要件の電話がかかってきたがすべて同じ返事を繰り返した。すると、日本航空の広報室長から「力道山さんは、ウチのＶＩＰだから、僕も同席するから一回でいいから食事してくれないか」と頭を下げられ、会食を承諾し、赤坂の「ホテルニュージャパン」のレストランで再会する。

広報室長を交えた「ホテルニュージャパン」での会食の当日、力道山は約束の時間に三〇分以上、遅刻したという。

「失礼な人だなって思いましたよ。もう帰りましょうかって室長に言ったら、ちょうど現れて、『すみません、すみません』って平謝りでした」

遅れてきたことを素直に謝る姿に敬子は「普通の礼儀を知っている方なんだ」と印象を改めた。この時、次のフライトはロサンゼルスだと教えると、日本プロレスの外国人招聘係だったロス在住のプロレスラー、グレート東郷へ「たらこ」を持って行って欲しいと頼まれた。言われた通り、たらこをロスの空港で東郷に渡すと、今度はリングシューズを力道山へ渡すように頼まれた。

チャンピオンベルトを掲げる力道山
写真提供＝田中敬子

帰国後、託されたシューズを届けるために力道山へ連絡を取り、初めて二人だけで会うことになる。

場所は、この年の五月に虎ノ門に開業したばかりの「ホテルオークラ」だった。力道山は、待ち合わせ場所に指定した国鉄の新橋駅前に自らが運転するグリーンのメルセデスベンツのオープンカーで現れ、レストランでは、ワインやアメリカ文化など様々な話題を敬子にユーモアを交えて話した。

「そのころの私はまだ二一歳で彼の方が一五歳以上も年上なんですけど、ワインの話とかを聞いた時に『あれ？　この人、意外にきちっとしたこと知っているんだな』なんて思ったんですよね。今、思えばなんて生意気な娘ですよね」

帰りは、力道山がオープンカーで自宅まで送ってくれた。横浜へ向けて走る途中、一台の車が並走しクラクションを鳴らした。運転していたのは、国鉄スワローズのエースだった金田正一だった。「リキさん何をトロトロ走ってるんだよ」とジョーク交じりに金田は声をかけたが、助手席に乗っている敬子に気付くと「悪い悪い」と笑いながら去っていった。二人の初デートを金田が目撃していたのである。

想いが届き、涙した力道山

やがて横浜市内に入ると「ひとつ我儘を聞いて欲しい。港の見える丘公園へ寄ってみたい」と言われ、敬子は受け入れた。

公園の駐車場にオープンカーを止めると、力道山は、新田建設に勤めていたころ、公園の近くの建築現場で働いていた過去を懐かしそうに振り返り、大相撲を辞めたいきさつも打ち明けた。

「相撲協会は、国粋主義で日本人じゃなかったら横綱になれないっていう噂があって自分はこのまま相撲界にいても上にいけないと思って辞めたんです」

力道山は、大正一三年一一月一四日、当時、日本が統治していた朝鮮の咸鏡南道洪原郡新豊里、現在の北朝鮮で生まれた。本名は金信洛。一五歳の時に地域で行われた相撲大会に出場したことがきっかけで長崎県大村市に住む日本人の警察官らにスカウトされ、二所ノ関部屋へ入門した。相撲博物館に残る当時の資料、新聞、雑誌にも出身地は「朝鮮」、本名も「金信洛」と記載され、序ノ口時代の番付にも「朝鮮」と書かれている。ところが、番付が上がっていくと、出身地はスカウトにかかわった「百田巳之助」が住む長崎県大村市へと変わり、苗字も「金村」から「百田」とし、日本名「百田光浩」となった。

プロレスで国民的英雄となってからは、朝鮮出身は、ほとんど報じられなくなり、出自は公然の秘密となっていた。港の見える丘公園での「日本人じゃないと横綱になれない」という告白は、遠回しに自分は日本人ではないという真実を敬子にだけ伝えたのだ。「ただ、その時の私は、『日本人じゃないと横綱になれない』って言われても『あぁそうなんですか?』って、どういう意味なのか全然気が付かなかったんです」

自らの秘密を打ち明けた力道山は「僕と結婚して欲しい」とプロポーズした。

「私は仕事が楽しくて仕方がない時期でしたので『結婚は、どなたともまったく考えていません』とお断りしました」

プロポーズを断られても力道山は、あきらめなかった。多忙な興行スケジュールの合間を縫ってその後も何度か食事に誘った。日本だけでなく敬子のフライトに合わせてアメリカへ渡り、ロサンゼルスでも会った。そして、会うたびに敬子は、力道山に惹かれていった。

「彼の話を聞いていると自分が知らない世界をたくさん知っている人だな、会うといろいろ勉強になるなって思うようになっていました。それは、子どものころ、お隣の将校さんの家で遊んでいた時にアメリカの文化に触れた時のようで、自分とは別の世界に住む人に私は魅力を感じていきました」

力道山は、何度もプロポーズを重ねた。「僕と結婚するといいことがある」「結婚相手はあなたのような若い人がいい」「僕は、女性は、割りばしみたいな細い人は好きじゃないんです。ちょっとふっくらしたあなたのような人がピッタリなんです」「僕が声をかければ、女優でも何でもすぐにＯＫするんだよ。だけど、結婚するならあなたのような普通の仕事をしている人がいいんだ」など、熱烈な言葉で口説き続けた。さらに過去の女性遍歴も打ち明け、以前交際していた京都の女性との間に認知している子どもが三人いることも伝え「子どもとは別に暮らしているから、結婚したら、あなたが面倒を見ることはありません。時々会いにきた時にかわいがってくれればいい」と話すなど真剣な思いを伝えた。心は揺れ動いたが、まだ入社二年目の二一歳、仕事を続けていきたい思いが強く、断り続けた。

　心が変わったのは、叔母の大谷幸枝にプロポーズされていることを打ち明けた時だった。力道山とも会っていた叔母は「力道山のような人からプロポーズされるなんて女冥利《おんなみようり》に尽きるじゃない。結婚なんてギャンブルみたいなもの。サイコロを振るのはあなたよ。彼は、あなたがサイコロを振る価値がある人よ」と太鼓判を押した。

　力道山の熱意と叔母の「結婚はギャンブルよ」の言葉に背中を押され、ついに敬子は結婚する意思を固めた。一二月末、敬子は力道山の自宅となる赤坂の「リキ・アパートメント」の八階に呼ばれた。幸枝と共に自宅へ行った敬子に前月の一一月一四日の誕生日で三八歳になった力道山は、自宅の日本間で改めて思いを伝えた。

「四〇歳になるまで結婚できなかったら、もう一生独身でいる覚悟です。今日こそあなたの返事をお願いします」

　覚悟を決めた最後のプロポーズを敬子は「お受けします」と返答をした。すると次の瞬間、力道山は部屋を飛び出した。

「五分ぐらい戻ってこなかったので、叔母も心配して『あなた、見てらっしゃいよ』って言われて探すと、別の部屋で一人、涙を流していました」

初めて見た力道山の涙に「大丈夫ですか？」と声をかけると、「ありがとう」の言葉と同時に抱きしめられた。そして、唇を重ねた。二一歳の敬子にとって、ファーストキスだった。

「初めてのキスでしたけど、驚きはしませんでした。それは、小さいころから父に連れられて外国の素晴らしい映画を見てましたから。『慕情』『昼下りの情事』……そういう映画を見ていたので、男の人と女の人が好きになれば、ハグしてキスするのは当然だと思ってました。その時の彼はすごく優しかったですし、『あぁ喜んでもらえたんだ』って嬉しかったですよ」

まるで映画のヒロインになったような夜を経て年が明けた昭和三八年一月七日、二人が初めて食事をした思い出の「ホテルニュージャパン」で婚約会見を行った。ただ、会見に至るまでの間に父・勝五郎から結婚を反対されていた。大きな理由のひとつが力道山と暴力団とのかかわりだった。昭和三〇年代の当時、興行の多くは、全国各地の暴力団がすべてを取り仕切っていることが常識だった。茅ヶ崎警察署の署長だった勝五郎は、興行の世界で生きる力道山が暴力団組織の一員ではないかと疑い、娘との結婚に難色を示したのだ。この時、勝五郎は、当時、警視総監だった原文兵衛に力道山と暴力団とのかかわりを尋ねたという。

「父によると、原さんは『力道山は暴力団員じゃない。むしろ、我々に向こうの筋の情報をあげてくれている人で、我々としても助けられているんです』と教えてくれたそうなんです。それで父も安心して結婚を承諾してくれました」

「俺が朝鮮人だって知ってた？」

暴対法が施行されている今の時代なら反社会的組織の暴力団と接点があるだけで、社会的に許されないことだが、繰り返しになるが昭和三〇年代当時は、プロレスだけでなく芸能関係でも「興行」と名が付くもののほとんどに暴力団がかかわっており、社会的にも黙認されていた時代だった。当然、勝五郎も興行面でのつながりがあることは認識していたが、力道山本人が暴力団の構成員ではないことを警視総監に確認したことで、大切な娘を力道山のもとへ送り出すことを許したのだろう。

敬子もそうした付き合いがあることは分かっていた。婚約した後に真っ先にあいさつに連れていかれた相手が右翼の大物で政界のフィクサーと呼ばれた児玉誉士夫と山口組の三代目組長、田岡一雄の自宅だった。児玉は、日本プロレス発足当時から最大の支援者で、田岡は日本プロレスの副会長を務めていた。そして、外出する時にはボディーガードを暴力団「東声会」の組員が務めていた。

「私としては結婚を決めた主人のことを信頼していましたから、そういった方とのお付き合いも必要なことなんだなって思っていたぐらいで、だから主人のことを疑心暗鬼になるっていうことはありませんでした。もちろん今ならあり得ないことですけど、あの当時の時代背景もあったと思います」

知らなかった力道山の真実に触れる時がさらにやってくる。婚約会見の翌日、力道山は韓国へ向かった。敬子には「これは内緒だよ」と告げ「日韓の交流と国交回復の下調べ」と訪韓する理由を明かした。昭和四〇年に結ばれる「日韓国交正常化」に向けての極秘の訪韓だったが、韓国では大々的に報じられ、日本でも「日刊スポーツ」「報知新聞」などの各紙がＡＰ通信の記事を引用し、ソウルで歓迎式典に出席した姿を短い記事だが報じている。日刊スポーツが掲載したＡＰ電には力道山自身の「二〇年ぶりに生まれ故郷を訪問したので感無量」とのコメントが書かれ、力道山の故郷が「朝鮮」であることを間接的に報じていた。

一週間の「故郷」での滞在を終え、赤坂の自宅に帰った力道山は敬子に真剣な表情で打ち明けた。

「俺は朝鮮半島で生まれたんだよ。俺が朝鮮人だって知ってた？」

あの港の見える丘公園で遠回しに伝えていた自らの出自をこの時、初めてハッキリと伝えた。「知りません」と返答すると「結婚相手が朝鮮人でもいいのか？」と聞き返した。

敬子はこう答えた。

「私は、あなたがどこの国の人でもかまいません。私はあなたが好きだから結婚をＯＫしたんですよ。百田光浩という人間を好きになってついていこうと思ったんです」

思えば、小学校のころに在日朝鮮人の友達の家へ行くことも何の抵抗もなく育てられてきた。差別や偏見を戒めてきた父の教育と近所の外国人と親しんできた環境が、力道山から「真実」を打ち明けられても、素直に受け入れられる心を育んでいた。敬子は「人」を愛する女性だった。

敬子の言葉に力道山の両目から涙がこぼれ落ちた。続けて、力道山は自らの出生を告白し始めた。

「自分は六人兄弟の末っ子で家は農家で貧しかったから、両親は『大きくなったらどこへでも行け』っていう感じだったと言っていました。だから、日本の相撲界にスカウトされた時は嬉しくて喜んで日本に来たと話していました」

北朝鮮で「結婚相手」がいたことも打ち明けたという。

「それは相撲の巡業で戦時中に朝鮮へ帰った時に、母から『お前のいいなずけがいる』とある女性と会ったと言ってました。別の人から、その女性との間に娘がいるって聞きましたけど、主人からその娘さんのことは聞いていません。なので私は今もその女性が本当の娘なのかどうかは分かりません。その後の京都の方や一緒に住んでいた女性のことも聞きました。ただ、正式に婚姻届を出したのは、お前だけだって言われました」

力道山について報じた記事、資料を検証した『力道山史否《いな》！　１９３８－１９６３』（仲兼久忠昭著）に掲載されている様々な新聞記事によると、力道山は北朝鮮で結婚し娘がおり、日本に来てからは大相撲時代に京都の女性と交際し三人の子どもが生まれ、その後、昭和二三年ごろから東京で別の女性と事実婚状態で暮らしていたが昭和三二年には破局していたという。

ただ、過去三人の女性とは婚姻届を提出していた事実は確認されておらず、敬子は力道山にとって生涯でただ一人の「妻」だった。

婚約会見後に力道山が暮らしていたリキ・アパート八階にそのまま敬子が移り住み同居生活が始まった。別の部屋に「前妻」との間の三人の子どもが住んでおり、事実上、敬子は三人の母親になった。

力道山が建てたリキ・アパートは当時、最先端の共同住宅で庭にはプールを設置し俳優の伴淳三郎、田宮二郎といったトップクラスの芸能人も住んでいた。八階の全フロアが力道山の住まいで外からは直通のエレベーターを整備し、百畳はあったリビングには、中央に大理石の暖炉があり、グランドピアノ、数十匹の熱帯魚が泳ぐ巨大水槽がインテリアとして部屋を彩り、窓からは赤坂の街を見下ろすことができた。電化製品は当時、最先端の米国の「GE」製が揃えられていた。

一緒に生活を始めると、力道山が神経質なほどきれい好きなことが分かった。こまめに指でテーブルの上などのほこりをチェックしお手伝いさんに掃除を指示していた。寝室には、大理石でできたバスタブの風呂場と洗面所、衣装部屋を設置し身だしなみを完璧に整え「力道山」へと変貌し部屋を出た。

敬子だけが知る寝室には、ベッドの枕元に自分の写真を飾っていた。

「初めて枕元に自分の写真を飾っているのを見た時は、『あれ？　この人、ナルシストかな？』って思いましたよ（笑）」

写真は空を見上げる笑顔の写真だった。

「リング上では怖い顔をしてましたけど、主人が本当に好きだった自分の顔は笑顔だったんです。『俺の笑顔は千両だ』ってよく言ってましたよ」

毎朝、起きると歯を磨いてひげを剃り、鏡に向かって「オレはいい男だ」と満面の笑みで自画自賛していたという。

「あの笑顔は忘れられませんね。あの顔は力道山ではなくて百田光浩という人間そのものだったと思います」

プロレスをビジネスとして考えていた

挙式披露宴は六月五日、ホテルオークラに決まった。敬子の誕生日が六月六日で力道山が「二二歳の有終の美を飾るため」と二二歳最後の日を華燭の典の日取りと決めた。婚姻届も同じ日に提出し、自民党副総裁の大野伴睦、参院議員の井上清一両夫妻が媒酌人を務めた挙式披露宴は、招待客千八百人、総費用一億円という華々しさで開かれた。六月七日に世界一周の新婚旅行へ出発し、敬子は文字通り「プロレスラーの妻」となった。

　結婚前も結婚した後も「家事はすべてお手伝いさんに任せて君は何もしなくていい。料理も料理人を呼ぶから君は味だけを見て欲しい」と言われ、普通の家庭における「主婦」としての仕事や役割を敬子に求めず、生活費として一週間に五万円を渡していた。昭和三八年の大卒初任給は約一万九千円、現在の初任給がおよそ二〇万円、これを基に五万円を現在の価値に換算すると毎週約五〇万円、一か月で二百万円もの生活費を敬子は受け取っていたことになる。生活に何の不自由もなかったが、力道山の収入が毎月、どれほどあったかは、全く知らなかった。

日常生活で朝鮮出身を感じさせることはほとんどなかった。唯一、思い出すのは五反田にある懇意にしていた焼肉店からたびたび「ユッケ」の差し入れが届けられたぐらいで「食事も味噌汁に焼き魚っていうものが一番好きで、あとは体にいいって聞くとそれを常に食べていました。『オレは体にいいものなら馬のクソでも食べるぞ』って笑ってました」と敬子は回顧する。

当時の力道山は、たびたび夜の街で暴力沙汰を繰り返し新聞でも報じられていた。粗暴なイメージが世間に広がっていたが、自宅で敬子に手を上げたり、怒鳴ったことはなかったという。ただ、自分の子どもの教育には厳しく学校の成績が悪かった時など「ゲンコツ」でしつけていたという。ある時、娘を叩こうとした時があり、さすがに敬子は「女の子はぶたないで」と制止したことがあった。自宅で「怖い」夫を見たのは、それが唯一の記憶だった。

生活の中で夫から頼まれたことがひとつあった。「オレが巡業に出ると使用人が怠けるかもしれないから、そこはチェックしておいて欲しい」と念を押されていた。

　自ら「日本プロレス」を設立し、一気に国民的英雄になった力道山は、揺るぎないワンマン体制で会社を運営していた。そして、ワンマンであるがゆえの盲点も自ら把握していた。敬子は力道山の言葉を覚えている。

「俺がいなくなると、社員もレスラーも気持ちが緩んで怠けることを俺は知っているんだ」

　自宅で敬子に使用人のチェックを頼んだように、社内にも自身が不在時の社員の動きを監視するいわば「スパイ」となる人間を配置し、自分がいない時の社内の動きを報告させていた。

「それが分かったのは、ある方から自宅に電話があると必ず主人に『この電話があったことは誰にも言うな』って釘を刺されていたんです。それで、その人からの電話は秘密の報告を受けていることが分かったんです」

　ただ、プロレスラーの中には気持ちを許していた選手もいた。それが同じ大相撲出身の豊登《とよのぼり》だったという。

「トヨさんとは、ウマが合っていました。あの方は無類のギャンブル好きで、試合の直前に『これから試合なのにトヨさんがいません』って連絡が入ったこともあったんですけど、怒ることなく『あそこの競馬場へ行ってみろ』って指示すると、本当にそこにいたんです（笑）。それでも主人は、仕方ないなっていうぐらいで怒ることはなかったです」

弟子にはジャイアント馬場、アントニオ猪木、大木金太郎という後のプロレス界を背負う若手選手がいた。敬子の目から見て力道山は誰に将来を期待していたのだろうか。

「主人は、弟子にあまり接してはいませんでした。ただ、唯一、猪木さんだけは、自宅に呼んでマッサージをさせていました。猪木さんのことを『アゴ』って呼んでいたんですけど、よく『アゴを呼べ』って合宿所から部屋へ呼んでいました。主人が朝鮮半島から日本に来たように、ブラジルから自分がスカウトしてきた猪木さんのことは自分の息子みたいに思っていたのかもしれません。猪木さんは、あのころ体が細かったので、主人は大相撲で懇意にしている元横綱前田山の高砂親方に頼んで、体を大きくするため二年間、相撲界に預けて、プロレスに復帰させる計画を持っていました。その話は私がいる前で主人が高砂親方に頼んでいたので間違いありません」

プロレスに関しては、会場に敬子が来ることは禁じた。試合を見たいと言うと「どこの女房が会社の社長室に来てウロウロするんだ。オレは仕事でプロレスをやっているんだ。そこに女房が来たら周りの者が気を遣う。プロレスはお客さんが主役だから、お前は来なくていい」と諭された。そして、敬子にこう頼んだ。「会場には来なくていい。その代わり、テレビを見て、お客さんがどんな表情をして、どんな反応をしたかをチェックして教えて欲しい」

敬子は、夫となった力道山のプロレスへの距離感を目の当たりにした時、スポーツや格闘技としての感覚よりも、ビジネスとしてプロレスを考えていることを理解した。

「私は、主人に『プロレスなんて、あんな危ないこと早く辞めてください』って言ったんです。その時、『あと三年待ってくれ。あと三年経てば事業も軌道に乗るから。プロレスをやらないと自分の夢は叶えられないんだ』って言ってました」

日本プロレスと同時に不動産資産会社「リキ・エンタープライズ」、飲食店やボーリングなどのレジャー事業会社「リキ・スポーツ」、レジャーランドを手掛ける「リキ観光開発」などを経営していた。

「主人は私に直接、事業について話をすることはありませんでしたが、自宅で取材を受ける時に『必ず君も同席して、俺が話したことをメモしておいてくれ』と言われていたんです。インタビューでこれからの事業計画を話すので、それで私は、『あぁ次にこんなことをやるのか』って把握していたんです。もしかしたら主人は、将来的に私を私設秘書のようにしたいと思っていたのかもしれません」

すべてが暗転した日

結婚した昭和三八年、巨大事業は動き出していた。神奈川県の相模湖周辺の四〇万坪の土地、同じ神奈川県の油壺に今度は二〇万坪の土地を購入、箱根にも広大な土地を買収していた。

「相模湖は、ゴルフ場と今でいうディズニーランドみたいな遊園地を作る計画でした。油壺は、マリン施設とカーレースのサーキットを作って、その真ん中にゴルフ場を作ろうとしていました。あと、赤坂の土地を買い占めて、ラスベガスのようなカジノ場を作る構想を描いていました」

こうした巨大事業が軌道に乗るまで「あと三年」プロレスで資金を稼ぐ必要があると力道山は考えていたのだろう。プロレスは力道山にとって事業への投資の基盤だった。

しかし、一二月八日にすべてが暗転する。午後一〇時四〇分ごろ、赤坂のナイトクラブ「ニューラテンクォーター」で暴力団員の男に登山ナイフで左下腹部を刺されたのだ。

その夜、敬子は自宅で夫の帰りを待っていた。日付が変わったころ、秘書から電話で「先生は帰ってきてませんか？」と尋ねられ、帰宅していない旨を伝えると電話は切れた。

しばらくすると、力道山が山王病院の院長とボディーガードらに抱えられ「痛ぇ、痛ぇ」とうめきながら帰ってきた。

「何があったの?」

驚きと戸惑いで呆然としていると、暴力団の幹部が訪ねてきて、応接間で力道山に土下座して謝罪した。その時、敬子は力道山がクラブで暴力団員に刺されたことを初めて知った。クラブで同席した男性が敬子に刺された時の状況を説明した。それによると、力道山はトイレで暴力団員に刺された後、救急車を呼ぶことを拒否し、ステージに上がって「ラテンクォーターにはオレを殺すヤツがいるのか」とマイクを持って話したという。

そのまま「こんな傷なんか大したことない」と強がったが、ケガを心配した周囲が病院での手当を勧め、力道山の希望で赤坂の山王病院へ向かった。診断の結果、傷は小腸にまで達しており、自宅に帰ったのは三〇針ほどの縫合手術を行った後だった。それでも同行した院長から入院が必要なことを告げられ敬子も説得し、午前四時ごろ、救急車を呼んで再び山王病院に入院した。

この時敬子は、ある奇妙な出来事を思い出したという。それは事件の数日前、いつもは午前一〇時ごろに起きる夫が早朝に凄まじい勢いで飛び起きた。「ここは俺の家だよな」と横で寝ている敬子を起こすと「すごい夢を見た。白装束のババアが俺を刺しにきたんだ」とうめいた。

前月の一一月二二日、アメリカのテキサス州ダラスでジョン・F・ケネディ大統領が暗殺された。世界を震撼させた暗殺事件の直後の夢だったため、敬子は夫に「ケネディさんのことがあったから、そんな夢を見たんじゃない？」と慰めたという。今になって「あれは、正夢かも……」と胸騒ぎがした。

嫌な予感を抱きながらの入院だったが、良好な経過をたどっていた。敬子は、夫の隣室に泊まり込んで寄り添っていた。そして、運命の一二月一五日を迎える。

力道山の体調に異変が起きたのは前夜の一四日だった。診断の結果、腹膜炎と腸閉塞を併発し、翌一五日午後二時半から手術を行った。ストレッチャーに乗せられ、手術室に向かう時、敬子にこう訴えた。

「お前、どんなに金がかかってもかまわないから、金の心配はいらないから、先生に、やれることは何でもやってくれって言ってくれよ」

そして、うめいた。

「俺はまだ死にたくないんだよ」

これが力道山が敬子に遺した最後の言葉だった。

手術前に医師から「時間がかかりますから家に戻ってゆっくりされてください。次の日にお呼びします」と連日の看病疲れを労《ねぎら》われ帰宅を勧められた。その言葉に従って自宅に戻った。手術は午後四時半に終わったことを聞いた。入浴しベッドに入ったがなかなか寝付けなかった。夜九時過ぎ、病院に来て欲しいと連絡が入った。

部屋に入ると四、五人のレスラーと会社の幹部が囲んだベッドに力道山は眠っていた。医師から「奥さん手を握ってください」と告げられ手を握り「大丈夫、大丈夫」と声をかけた。もう一方の手は、医師が脈拍を測っていた。脈は動いていたが、二〇分ほど経過した時、医師が手を離した。そして、お手伝いさんが「水」を持ってきた。

「主人がのどが渇いたから水をあげるんだなって思って、その水の意味が分からなかったんです。それで、水を主人の口に差した時、部屋にいた全員が泣き出したんです」

その時、敬子は、水の意味を知る。

「あっ！　これは末期《まつご》の水だ……」

その瞬間、敬子は気を失った。時間は午後九時五〇分、力道山は死亡した。死因は「穿孔性化膿性腹膜炎」だった。

敬子は、気が付くと病院のベッドの上で横になっていた。目が覚めた時、日本プロレスの後援企業だった三菱電機の取締役、大久保謙の夫人から「リキさん、亡くなったのよ」と告げられ、現実を知って号泣した。通夜は翌一六日に自宅で、告別式は二〇日に池上本門寺で営まれたが「そのあたりの記憶はほとんどないんです」と敬子は振り返る。

この時、敬子は妊娠七か月だった。

「主人は子どもが大好きで結婚した時に『野球チームを作れるぐらい産んでいいよ』って冗談みたいに言っていたんです。ですから、妊娠した時はすごく喜んでくれて、出産はアメリカでするつもりでハワイの病院を予約していました。生まれてくることを本当に楽しみにしていたんです」

生まれ来る我が子に会うことは叶わず、実業家としての志も半ばで三九歳の、駆け抜けるような人生を閉じた。敬子にとって挙式からわずか一九三日後の悲劇だった。

死後、夫の死因について病室で医師の言うことを聞かず「リンゴを食べた」「コーラを飲んだ」「ビールを飲んだ」などの噂が流布された。

「そんなのは、一切ウソです。私は、ずっと一緒にいましたから、ビールとかコーラとかリンゴを飲んだり食べたりなんて一切していません。入院した直後は『のどが渇いた』ってよく言っていましたが、お医者さんから『ガスが出ないうちは水はダメですよ』と言われて、氷をガーゼに包んで、それを割りばしではさんで少しだけ口から水分を取っていただけです。四日目ぐらいにガスが出て少しずつ水が飲めるようになって、その時に『何が飲みたい？』と聞いたら『ビールが飲みたい』って冗談を言ったんです。それが本当みたいな話になって、いろんな噂になったんだと思います」

「日本人に恩返しがしたい」

病室で力道山は何度も「治るもんなら、どんなことでも我慢する。金に糸目はつけないからどんな治療でもしてくれと先生に言ってくれ。俺は死にたくないんだ」と繰り返していた。だからこそ、医師の指示を無視して暴飲暴食などするはずがないと敬子は訴え「これは主人の名誉のために断固としてお伝えしておきたいことです」と声を震わせた。

夫が亡くなり、リキ・エンタープライズと日本プロレスの社長を敬子は引き継いだ。しかし、プロレスはカリスマ的スターの力道山の急逝で人気は転落すると言われ、幹部レスラー、社員から「自分たちで運営するので、奥さんは手を引いた方がいいですよ」と助言され一年ほどで退いた。

事業もワンマン経営で強引に進めてきた相模湖のレジャー施設などの建設は中止となり、遺産の相続税も含め、およそ四十億もの莫大な借金が残った。

「これは後から分かったことなんですけど、日本プロレスは中継する日本テレビの正力松太郎さんが『リキさんの遺志を継いで絶対に放送はやめない』って幹部に約束していたんです。それと、主人が亡くなって人気が落ちるどころか、追悼人気みたいな感じで興行も順調で放映権と興行収入で月に三千万円はもうかっていたんです。当時の幹部の人たちは、そんなことを私に一切知らせずに、私は言ってみれば、うまい口車に乗ってプロレス界から追い出されたんですね。主人はプロレスで稼いだお金を事業に投資していましたから、私がプロレスから切り離されたので、事業はうまくいかなくなりました」

莫大な借金は、生前、買収した土地を売却するなどで返済、最終的には二人が住んでいたリキ・アパートを二十億円ほどで売り、没後からおよそ三〇年をかけて完済した。英雄の妻から、まさかの急逝で借金を抱え「主人と結婚しなければこんな思いをしなかったのに」という思いが頭をよぎったこともあったという。

それでも、敬子は前を向いて七九歳になる今まで生きてきた。

思い返すのは、あの三歳の時に見た火の海に包まれた横浜の街とB－29の轟音だった。

「横浜だけでなく広島、長崎は原爆を投下されて、日本中が戦争であれだけの焼け野原になったんです。そんな傷ついた戦後の日本人を主人は、勇気づけていたかと思うと、本当にすごいことで……誰が何を言おうとそれだけは絶対に動かない、主人が残したすごいことだと、今、思うんです」

ひとしきり涙を流すと、敬子は何かを思い出したかのように微笑んだ。

「私ってダメですね。主人が生きている時は、『早くプロレス辞めて』ってそればかり言って、主人がどれだけすごいことをリング上でやってきたのか全然分かってなかったんです。亡くなってから主人の偉大さを知ったっていうのが本当のところなんです」

力道山は日本への思いを敬子に伝えていた。

「俺は、朝鮮半島で生まれたけど、貧乏で食べるのにも困っていた時に日本人に助けられて日本に連れてきてもらったからこそ、今があるんだ。だから生きているうちは、ずっと日本人に恩返しをしないといけないんだ。そんな俺が『自分は朝鮮で生まれた』とは言えないんだよ」

鬼の表情で外国人レスラーに叩き込んだ空手チョップには、日本への恩返しという気持ちが込められていた。そして、様々な事業に駆り立てられる思いについて「日本人をもっともっと幸せにしたいんだ」と打ち明けていたという。

亡くなって今年で五七年。誰も考えもしなかった新型コロナウイルスの感染が世界中で拡大する今、思い出すのは力道山の言葉だという。

「主人はいつも『何があってもあきらめちゃいけないよ』って言っていたんです。今こそ主人が伝えてきた『ネバー・ギブアップ』の心を世界中の人たちに知っていただきたいんです」

そして、大切な言葉と同じぐらい胸の中に焼き付いているのは、やはり、あの「笑顔」だった。

「私の前ではいたずらっこみたいで、ベッドの上に蛇革のベルトを隠して、本物の蛇だって言って驚かせたり、ブランデーの飲み比べをして、私が勝ったら『お前は酒が強いなぁ』っておどけたように言った顔とか……あの自宅でくつろいでいる時に笑った顔は忘れられません」

今こそ「ネバー・ギブアップ」と語る田中敬子

結婚して間もなく敬子は力道山に「私のどこが好きなんですか？」と聞いたことがある。

「君は真っ白なキャンバスなんだ。そこがいいんだよ。これから俺がいろんな絵を描いてあげるから楽しみにしていなさい」

リングと巨大事業で「力

道山」を演じていた男にとって「真っ白な」敬子の存在は、唯一の心の安らぎだったのだろう。それが「プロレスラーの妻」として夫を支えた敬子の仕事だった。

キャンバスに下絵を描くことすらできずに夫は旅立った。代わりに敬子は、自らの手で絵を仕上げた。それは、夫が亡くなった翌年の三九年三月二六日に生まれた長女・浩美の成長だった。

「主人は、子どもが生まれたらスイスに留学させたいって言っていたんです。何とかその遺志を継がないといけないと思って娘はインターナショナルスクールに入れました。途中で娘からは『お金が大変だからやめてもいいよ』って言われたんですけど、『ダメよ、これはパパの遺言なの』って言って、スイスには留学させられませんでしたけど、国際的な人間になって欲しいという彼の遺志をかなえるため借金してでも学校に通わせました」

再婚することなく令和の今まで走ってきた。

「主人が浮気のひとつでもしてくれて、私に悪いところを見せていて、恨むことができたなら、再婚しようかなと思ったかもしれませんでしたけど、彼以上の人はいないですし、もちろんこんな借金を抱えている女を引き受けようなんて人はいませんけど（笑）。早く逝った分、私の中でまだ主人に対して諦めが悪いところがあるんです」

力道山は自宅で一人、フランク永井の「俺は淋しいんだ」を口ずさんでいたという。

敬子は、昭和三三年のヒット曲の一節が今も頭に刻まれている。

〽さようなら　さようなら　俺は淋しいんだ　あの娘と別れてひとり旅へゆく

「これはいい歌だ、好きなんだってよく鼻歌交じりに口ずさんでいました。一緒にいる時はそんなこと考えたこともなかったんですけど、今思えば、故郷のことや両親のこと……いろんなことをあの歌を歌いながら思っていたのかも……なんて考える時があるんですよ」

力道山が愛した「田中敬子」は、真っ白なキャンバスのまま、今も「百田光浩」を思い続けている。

第2章

髙山善廣の妻・奈津子

——ケガと病気と闘う日々のその先に

文＝福留崇広

高山善廣　たかやま・よしひろ

一九六六年九月一九日、東京都墨田区生まれ。東海大相模高校から東海大へ進み、卒業後の一九九一年にＵＷＦインターナショナルに入門し九二年六月にデビュー。九七年三月から全日本プロレスに参戦し二〇〇〇年六月にプロレスリング・ノアへ移籍。二〇〇一年五月からはフリーとして格闘技にも挑戦し様々な団体のリングで活躍する。

高山奈津子　たかやま・なつこ

一九六八年七月二二日、神奈川県生まれ。大阪外国語大学在学中からファッションモデルとして活躍。二〇〇二年一〇月に高山と結婚し二〇〇七年一月三一日に長男・善弘を出産する。

高山への支援の募金は・三菱ＵＦＪ銀行代々木上原支店普通預金「０２４０８４２」口座名義「ＴＡＫＡＹＡＭＡＮＩＡタカヤマニア」・みずほ銀行渋谷中央支店普通預金「１８４２５４５」口座名義「ＴＡＫＡＹＡＭＡＮＩＡ（タカヤマニア）」・三井住友銀行渋谷支店普通預金「９４８７１２７」口座名義「ＴＡＫＡＹＡＭＡＮＩＡタカヤマニア代表高山奈津子」

別れてもまた復縁した

ファッションモデルの遠藤奈津子がプロレスラー髙山善廣と出会ったのは、一九九三年一〇月四日だった。

大阪外国語大学の学生だった奈津子は、身長一七六センチのスレンダーなプロポーションを生かしファッションモデルとして活躍していた。

その日、奈津子は、知り合いからプロレスラーとの会食に誘われ、指定された大阪市内の寿司店へ向かった。姿を見せたのは「ＵＷＦインターナショナル」という団体に所属する数名の若手選手だった。同団体は、一九九一年五月に高田延彦をエースに旗揚げし、この日は大阪府立体育会館で試合があった。店にやって来た若手選手の中にデビューから一年五か月を経た髙山がいた。

髙山は、中学時代にアントニオ猪木に憧れ、プロレスラーになる夢を抱いた。東海大二年時にＵＷＦの入団テストに合格したが、ケガを理由にデビュー前に退団する。大学卒業後は一般企業に就職するも夢が捨てきれず九一年に二五歳でＵＷＦインターに入団した。遅咲きの練習生だったが、九二年六月二八日、博多スターレーンでの金原弘光戦でデビュー後は身長一九六センチの長身とアグレッシブな攻撃が評価され、将来を期待される存在となっていた。

　プロレスにまったく興味がなかった奈津子にそんな予備知識はない。初めて会った時の印象は「大きな人」と思ったぐらいだったが話し始めるとすぐに意気投合した。帰り際に連絡先を交換し、ほどなく交際が始まった。

　高山は都内にあるＵＷＦインターの合宿所で生活し、大阪で一人暮らしの奈津子とは遠距離恋愛だったが、一九九五年に奈津子が拠点を東京に移すと二人の距離は近くなった。当時、高山が所属するＵＷＦインターは経営が悪化し、立て直し策として新日本プロレスとの対抗戦を行い、多額の契約金を受け取った。一〇月九日に東京ドームで両団体は全面対抗戦を行ったがメインイベントでエースの高田が武藤敬司に敗れ、団体としての求心力を失ってしまった。

　翌九六年に、新日本との対抗戦の中で安生洋二率いる「ザ・ゴールデン・カップス」というユニットが誕生し、高山がメンバーに加入する。一介の若手レスラーだった高山は、蝶野正洋ら新日本のトップ選手と対戦し、知名度が高まった。同じ年の九月一一日、神宮球場で行われた大会で全日本プロレスの川田利明の対戦相手に抜てきされ、全日本で三沢光晴に次ぐ看板選手だった川田と白熱の攻防を展開し、デビュー四年目で飛躍の時を迎えた。

高山の知名度はアップしたが交際は波乱含みだった。

「あのころは、付き合ってては別れてっていうのを繰り返していました。急に高山から『他に好きな人ができたから別れてくれ』って電話があって、私は『はぁ、そうですか』みたいなこともありました」

ただ、別れてもまた復縁した。

「私も高山と別れて別の人とお付き合いしていたんですけど、電話で高山が『熱出したから看病してくれ』って連絡があって、それで看病してなし崩しに戻るみたいなこともありました。別れてもまた付き合うっていうのは、不思議というかよっぽどご縁があったんじゃないんですかね」

そう笑った奈津子は、高山の魅力を「ノリ的に一緒だったのかな。一緒にいて楽しいんですよね」と明かした。

中でも忘れられないのが高山が初めて奈津子の真鶴の実家を訪れた時だった。両親との初対面で高山は、短パンにタンクトップ、そしてビーチサンダルを履いて現れた。

「しかも手ぶらで来たんで、さすがに私が『何か手土産ぐらい持ってきてよ』って言って、実家へ行く途中に私がスイカを買って持たせました（笑）」

実家に着くと初対面の父にまともなあいさつもせず長年の友人と会うように「ヨ〜」と片方の手をあげ「これ食べてください」と奈津子が買ったスイカを手渡した。

「私の親は、『怪獣みたいなの来たね』って驚いていましたけど『しょうがないね』って笑ってました。そんなヤツなんです、高山は（笑）」

呆れながら思い出す実家でのワンシーンは、いつ何時どんな状況でも飾らない高山善廣という男を象徴していた。そして、奈津子は、そんなカジュアルな高山が一緒にいて楽だったし、好きだった。

別離と復縁を繰り返した奈津子との交際の一方で高山は、プロレスラーとして激震に見舞われる。ＵＷＦインターが九六年一二月二七日の後楽園ホール大会を最後に解散したのだ。高山は、多数の所属選手と共に新団体「キングダム」へ移籍したが、代々木第二体育館での旗揚げ戦となった九七年五月四日からわずか九か月後の九八年二月で活動は停止となった。ただ、所属団体が連続で崩壊したピンチは、二人にとって大きな転機となった。東京・狛江市内のマンションで同棲が始まったのだ。

「団体が続けて潰れた時、高山はお金がなくて、私が彼のマンションの家賃一五万円を払っていたんです。私は、自分と彼の家賃を払っていたので、二人で話し合って『だったら一緒に住もうか』ってなりました」

リング上でもキングダム崩壊がプラスに働く。川田との試合が全日本プロレスの御大ジャイアント馬場に評価され、フリーとして九七年から全日本プロレスへのレギュラー参戦が決まった。

キックと関節技を主体に攻撃を重要視するＵＷＦと相手の技を極限まで受け切ることがベースとなる全日本では、同じプロレスでもまったくスタイルが違った。奈津子は、当時、高山が懸命に全日本のスタイルを身につけようとしていたことを覚えている。

「全日本さんの道場であのころ、まだデビュー前の丸藤（正道）さんたちと一緒に受け身の練習をやっていました。一〇歳以上も年下の練習生の人たちと同じ練習をするのは、大変だったと思います」

ドン・フライとの伝説の試合を観る

公私ともに新たなスタートを切った高山を奈津子もこれまで以上にサポートする。中でも食事の管理に気を配った。

「ＵＷＦのころは、オイルカットをすごく気にしていて、鶏肉なら皮、豚肉なら脂身を取って食べていました。自宅でも同じように作っていましたけど、全日本に移ってからは、逆に体を大きくすることが必要になって、とにかくたんぱく質を多く摂らせるようにしました。朝から毎日、ステーキを出して豚も角煮とかを出しました」

料理は学校に通うことなく、料理本などを参考にすべて独学で学んだ。

「プロレスラーの奥様は、みなさん、同じだと思うんですけど、とにかく体が資本の仕事ですから、何よりも栄養を考えて食事には気を使いました。いい物をたくさん食べさせることが一番ってずっと思ってきました」

婚姻届は提出していなかったが、同棲生活から事実上、プロレスラーの妻としての生活が始まった。自宅での高山は、リング内外の仕事のことは、ほとんど話をしなかった。唯一の例外が「ＮＯ　ＦＥＡＲ（ノーフィアー）」だった。

「ノーフィアー」は、高山が全日本に本格参戦後の九九年五月から大森隆男と結成したタッグチームのユニット名だった。リング上のファイトはもちろん、リング外での歯に衣着せぬ奔放な言動と、テレビカメラに向かって人差し指を突き付けながら「ノーフィアー」と絶叫する決めゼリフとポーズがファン、さらには放送する日本テレビから評価された。全日本マットで高山の存在感を際立たせた「ノーフィアー」の命名は、奈津子だった。

「あの時は、名前を決める時に一〇個ぐらい候補があって、彼も悩んで珍しく『名前どうしようかな？』って私に聞いてきたんです」

当時、高山は、サーフィン、モトクロスなどのウェアを手掛ける米国のアパレルブランド「ノーフィアー」からＴシャツを提供されていた。

「その時、ノーフィアーのＴシャツを着ていたんで、私が『これでいいじゃん。ノーフィアーで行っちゃえ！』って言ったんです。そしたら、私の言葉を受け入れたんです」

ただ、リング上のことで高山から相談を受けたのは「ノーフィアー」命名だけで、二〇〇〇年六月に全日本を退団した三沢光晴が新たに設立した「プロレスリング・ノア」へ移る時も事前に話はなかった。

「仕事に関して私には話さない人で私からも聞きませんでした。ノアの時も『行くから』みたいな事後報告があったぐらいでした。私も彼の試合だけは見ていましたけど、プロレス全体に詳しいわけでもないので、どこへ移っても彼が好きなプロレスを続けられるのが一番だと思っていました」

ノアへ移籍してから一〇か月を経た二〇〇一年四月に高山は再び重大な決断を下す。総合格闘技イベント「ＰＲＩＤＥ」へ参戦するため、ノアを退団しフリーとなった。

「ＰＲＩＤＥの時も『今度、こういうのに出るよ』ぐらいしか言いませんでした。私も『あぁそうなんだ』って思ったぐらいでした」

「ＰＲＩＤＥ」初参戦は、二〇〇一年五月二七日、横浜アリーナだった。相手は、新日本プロレスを退団した藤田和之だった。試合には敗れたが、以後、定期的にＰＲＩＤＥ参戦を果たすことになる。格闘技の試合が決まると明らかに自宅での様子が変わったことを奈津子は思い出す。

「ＰＲＩＤＥの試合に出るって決めた時からプロレスとは違う練習になるんです。日々違うところに行って練習して、家に帰ってくるとヘトヘトに疲れて口もきけないほどでした。ご飯もお箸が上がらなくて食べられない状態で、魂が抜けたようになっていました」

過酷な練習で抜け殻のようになると、食事が満足に摂れないだけでなく、自宅での雰囲気も明らかにこれまでと激変したという。

「何て言うんですかね、例えて言えば北斗の拳でラオウとかケンシロウが闘う時に背後に闘気のようなオーラがメラメラ、ワナワナ燃え上がっていますよね。そんなオーラを背負っている感じでした。だからと言って生活がピリピリするとかじゃないんです。ただ、オーラとテンションが明らかに変わるんで、『あぁ何かが違うんだな』とは思っていました」

異様な緊張感を漂わせて臨んだＰＲＩＤＥで、後に語り継がれる歴史的な一戦を高山は迎えた。二〇〇二年六月二三日、さいたまスーパーアリーナ、対戦相手はドン・フライだった。

当初、このさいたまスーパーアリーナでフライは、同じ米国人のマーク・コールマンと対戦する予定だった。しかし、コールマンが練習中の負傷で試合一〇日前に欠場を余儀なくされ、苦境に立たされた興行主は、すがる思いで高山へオファーを出し、あまりに無謀な直前の参戦要請にもかかわらず高山はそれを受け入れた。

高山は三五歳、フライは三六歳だった。ちょうど肉体的にも精神的にも脂がのり切った両者の一戦は、ゴングが鳴ると、至近距離でお互いが首根っこを捕まえて殴り続けた。ひたすらに顔面に拳を叩き込む様は、まるで映画や劇画のワンシーンのようでもあった。試合は、マウントパンチを連打された高山が一ラウンド六分一〇秒、レフェリーストップで敗れた。壮絶な打撃戦で散ったこの試合は、今も格闘技ファンの間で語り継がれる伝説となった。

夫の歴史的な試合を奈津子は、モデルの先輩と二階席で見ていた。

「試合が進むにつれ、どんどん顔が腫れてきたじゃないですか。だから『うわぁ、病院送りか⁉』って思いながら見ていました」

高山は、会場に奈津子が来たり、ましてや試合後に控室へ来たりすることを嫌がっていた。だからこの時のチケットは自ら手配したわけではなく、フジテレビ関係者が用意したものだった。しかし、腫れあがった顔面を見た時、「さすがに、これは行かないとマズイと思って」試合が終わるとすぐに控室へ向かった。

「ケガを含めて彼の仕事なんです」

控室では、壮絶な試合の直後で高山は興奮状態で言葉にならない声を発していたという。客席から見た以上に顔面が腫れていた高山に奈津子は、こう告げた。

「さらにハンサムになっちゃったね」

想像を絶する死闘の直後で錯乱していた高山は、いつもと変わらないおちゃめでユニークな奈津子の言葉で平常心を取り戻した。試合後、病院で診察を受けると脳に異常はなかったが眼窩底骨折と診断された。なぜ、あそこまで殴り続けたのか。奈津子は今、こう振り返る。

「何も考えてないからじゃないですか。あんなに顔が腫れるとも思ってないし、骨折するとも思ってないですよね。私から見たら子どものケンカみたいな試合ですよ、殴られてムカついたから殴り返すみたいな。それで顔が腫れちゃって眼窩底骨折したみたいな感じですよね。でも、そこが彼の強さかもしれません」

そこには夫への信頼があった。

「これは私だけじゃなくて、たぶん、プロレスラーの奥様はみなさん同じだと思うんです。

高山善廣とドン・フライの伝説的な喧嘩マッチ

常に願っていることはただひとつ。『ケガをしないでくれ』ってそれだけなんですね。それは、ケガをしてしまうと、『試合が終わったらあそこに行きたい』とか約束していた予定が全部、なくなるじゃないですか。だから、いつもケガだけはして欲しくないって思ってました（笑）。それでもケガは付き物ですから、仕方ありませんよね。だけど、ケガしても『うちの人は大丈夫。彼なら耐えられる』って信じているのも私だけでなくプロレスラーの奥様たちはみなさんそう思っているんじゃないでしょうか」

この試合から二か月ほど経った時、高山は奈津子へプロポーズをする。九月一九日の高山の誕生日を控えたある日、奈津子が「今年の誕生日は何が欲しい」と聞くと高山はこう明かした。

「奈津子が欲しい」

同棲生活も四年を経て生活は安定していたため「結婚しなくてもいいかな」と思い始めた矢先のプロポーズだった。

「びっくりして『あら、私が欲しいならちゃんと、ご準備なさって』と言ったら、誕生日に婚姻届を持って来たんです。それを見て『あぁ本気なんだ』って思いました。それは、やっぱり嬉しかったですね」

婚姻届は「忘れない日にしよう」と話し合ってハロウィーンの一〇月三一日に都内の区役所へ提出した。出会いから九年を経て、二人は夫婦になった。高山が三六歳、奈津子が三四歳の秋だった。

結婚するころから高山は、リング上でさらに充実の時を迎える。二〇〇二年九月七日、大阪府立体育会館で小川良成を破りノアの最高峰「ＧＨＣヘビー級」王座を奪取しデビュー以来、初めてシングルの頂点を極めた。さらに新日本プロレスにも参戦し翌二〇〇三年一月四日、東京ドームでアントニオ猪木が全盛期に保持していた「ＮＷＦヘビー級」王座が復刻された王座決定戦で高阪剛を破り、初代王者に輝いた。そして、同年五月二日の東京ドームで新日本の頂点となる「ＩＷＧＰヘビー級」のタイトルを獲得した。このころ、高山は「帝王」と呼ばれ、プロレス界で不動の地位と人気を手にした。

夫となった高山は、格闘技で伝説を築き、プロレスで頂点を極めた。夫が股に掛けた

「格闘技」と「プロレス」、奈津子にはどう映っていたのだろうか。

「たくさんの方が今も覚えていてくださって、高山の中で一番有名な試合ってドン・フライさんとの試合だと思うんです。ですけど、私にとって、彼の試合でもっと激しくてもっと大変だったのは、あの試合じゃないんです。私にとってドンさんの試合は、たくさんある試合の中のひとつで。もっと大変だったと思うのは、三沢さんとの試合なんです」

格闘技で打ち立てた伝説よりもプロレスで刻んだ激闘が奈津子の心を揺さぶっていた。

「もっと大変だった」と明かした三沢戦は、二〇〇二年九月二三日、日本武道館での一騎打ちだった。この試合は、ＧＨＣ王者に就いた高山が三沢を挑戦者に迎えた初防衛戦で、試合は壮絶な打撃戦の末、三沢に敗れた。奈津子は、終盤に高山が三沢へ繰り出したジャーマンスープレックスを思い出すと今も恐ろしくなるという。

「ジャーマンをやった時に、三沢さんのお尻が高山の顔面にドーンって落っこちてきて眼窩底骨折したんです。あの時、私は自宅にいたんですけど、スタッフの方から電話で呼ばれて武道館へ向かいました。着いたら本田多聞さんが状況を説明してくださって、高山と一緒に救急車に乗って病院に向かったんですけど、意識が飛んで『ワァー』とか叫んでいました。後から彼も『死闘だった』って言ってましたけど、あの時は怖かったですね」

そして「格闘技」と「プロレス」の違いをこう表現した。

「私としては、プロレスの方が大変だと思います。なぜかって言うと、格闘技は、試合でヤバくなるとレフェリーが試合をストップしてくれるので、見ていて安全だなって思っていました。だけど、プロレスは、ヤバくなっても、もう動けないよって私が思っても止めてくれないんです。というより、そこからが勝負みたいな世界ですよね。なので、プロレスの方がずっと危険だと私は思います。これは誤解していただきたくないんですが、だからプロレスの方が格闘技よりエライとか言っているんじゃないんです。ただ、私は、プロレスの方が怖いんです」

レスラーは、極限まで技を受けることでファンの賞賛と共感を得る。特に三沢が率いた「プロレスリング・ノア」のリングは、想像をはるかに超えた受け身に真髄があった。レスラーは自らが肉体を傷つけることでファンの熱気を呼ぶ切なさがある。

「私は、いつもケガをして欲しくないと思って彼の試合を見ていましたけど、ケガをすることも含めて、それが彼の仕事なんです。そして彼はプロレスが大好きなんです。だったら、私が『ケガするからプロレスラーをやめて』とは言えないし、言わないし、言ったこともありません。好きなことを思う存分にやって欲しいと思っていました」

ひと呼吸置いて奈津子が口を開いた。

「本人がやりたい仕事ですから、支えるなんて美しい言葉じゃなくて、それを見守るしかないんですよね」

夫がやりたいことを「見守る」ことがプロレスラーの妻となった奈津子の覚悟だった。

「復帰が彼の生きる原動力でした」

それは、脳梗塞を発症した時も同じだった。

二〇〇四年夏、高山は新日本プロレスの真夏の最強決定戦「Ｇ１クライマックス」に参戦した。八月八日、大阪府立体育会館での佐々木健介との試合後に脳梗塞を発症し会場近くの脳神経外科へ救急搬送された。

発症した夜、奈津子は都内の友人宅で集まった仲間たちと共に「神宮外苑花火大会」を見ていた。宴の最中、携帯電話に高山のＵＷＦインター時代の先輩レスラー、金原弘光から連絡が入った。すぐに大阪へ向かおうとしたが、新幹線は終電時間を過ぎていた。すると、たまたま一緒に花火を見ていた知人のカメラマンがこれから車で大阪へ行くことを知り、急遽同乗し真夜中の高速道路を大阪へ走った。

明け方に大阪市内の病院に着くと、医師から病名を「左中脳脳動脈の脳梗塞」と告げられた。

「今だから思うことですけど、あの夏は、やたら『目がチカチカする。今年は太陽がやけにまぶしいな』とか言って、普段は車に乗る時ぐらいしかかけないサングラスをかけていたんです。今思うと、それが前兆だったのかもしれません」

続けて奈津子は、ハッキリした口調でこう言い切った。

「脳梗塞は病気なんで、決してプロレスのせいではありません。硬膜下血腫とかだったら試合中の事故かもしれませんけど、脳梗塞は病気ですから、プロレスは危険だとか、そこは誤解して欲しくないんです」

病室で高山は、病院で用意した入院着のサイズが合わず上半身裸で、ベッドの上にあぐらをかいた姿で「今日、神戸で試合でしょ？　オレ出るから」と退院してリングに上がることを宣言した。しかし、医師から「試合に出るなんて、とんでもないですよ。今日、試合したら、あなたは死にます」と宣告され、現実を理解した。

脳梗塞は発症後、いかに早く処置するかが生死の分かれ目になると言われている。幸運なことに高山は、会場から車で五分もかからない場所に脳外科の専門病院があったことで大事には至らなかった。手術は開頭せずカテーテルで処置し二週間後に退院した。

意識もしっかりして、言葉も話せ、食事も箸を使うことができた。しかし、字が書けなくなり、右足は引きずらなければ歩けなくなるなど後遺症に襲われた。それでも復帰はあきらめなかった。ただ、リハビリの相談をした時、医師から「過去にプロレスラーで脳梗塞を発症した人もいないし、脳梗塞から復帰した人もいないので、自己責任でやってください」と告げられた。

医師からいわば見放された高山だったが、前例がなくても「復帰」することしか頭になかった。だから、リハビリは自力で始めた。リングへ戻るために、選択肢は他になかった。

独自のやり方で取り組む復活への道は、まず歩くことからスタートした。代々木公園を毎日、夜中に散歩した。傍らには奈津子が付き添い見守った。

「右足を引きずっているので、ヨタヨタして歩くのが遅くて、人に見られるのが恥ずかしいので、人のいない夜中の一二時に公園へ行って歩くことから始めました」

夜中の散歩と同時にプールでの歩行訓練も実行した。数か月後に歩くことへの改善が認められた時、車道と歩道の境界線にある縁石を平均台に見立てて真っ直ぐ歩く訓練へ移った。

「これが難しくて、ふらついて縁石から外れちゃうんですね。三か月ぐらいは同じことをやっていたと思います」

縁石の上を真っ直ぐ歩けるようになると、公園の噴水を囲む石の上を歩くことに挑んだ。今度は、地面ではないため、外れたら水に落ちる。暗闇でやるのは危険すぎるため時間を深夜から早朝へ移した。

「最初は水に落ちてしまって私に『落っこっちゃった！』って笑われていました（笑）。それでも彼は何回も何回もチャレンジしていました」

医師から見放されたリハビリ生活で、高山は一度たりとも弱音は漏らさなかった。寄り添い見守った奈津子も復帰へ否定的な言葉は一切、言わなかった。

「復帰が彼の心の支えで生きる原動力でした。私もそう思いましたから、『リングに戻るのはやめて』とは言いませんでした。それよりも、毎日、少しずつ良くなっていくんです。その姿を見ていたら『治っちゃうんだろうな』って思ってました」

噴水を囲む石の上での歩行をクリアすると加圧トレーニングで筋力の回復に努め、リング上での技術練習ができるまでに回復した。そして、二年の月日を経て、医師から見放され、高山と奈津子の二人以外、誰もがあきらめたリングへの復帰を果たす時が来た。

二〇〇六年七月一六日、プロレスリング・ノア日本武道館大会。超満員一万六千五百人の観衆が待つメインイベントのリングで高山は、脳梗塞を発症した時の相手だった佐々木健介と組んで三沢光晴、秋山準と対戦した。当日、奈津子は武道館で夫の復活を見守った。

「復帰戦が決まってから、さすがに本人は家でもすごく緊張していたのが分かりました。私は、学芸会に出る子どもを見守る母親の気持ちみたいでした（笑）。ただ、とにかくこの試合はちゃんと見ないといけないなって思って武道館へ行きました。リングに上がった彼を見た時、彼の姿よりもファンのみなさんの温かさに感動しました。二年間もいなかったわけですから、忘れられてもしょうがないと思うんです。なのに、あれだけの声援をくださって、なんてファンの方は温かいんだろうって感謝の思いだけでした」

髙山はＩＣＵにいた

試合は、二二分三〇秒、秋山のリストクラッチ式エクスプロイダーからの体固めで髙山は敗れた。試合後、控室で髙山と対面した時、真っ先に「プロレスって痛いよ」と笑った。

「嬉しかったんだと思いますよ。あの痛さを味わったことでリングに戻ってきた実感があったんでしょうね」

奈津子は、大病を克服してから食事を変えた。

「体質改善で鶏肉以外の肉、哺乳類の肉は一切、食べさせませんでした。代わりに納豆とかの発酵食品や旬のものをバランスよく出すようにしました。今までお肉中心のメニューしか作ってなかったので最初はすごく困りましたけど、民間療法の先生にアドバイスをいただきました。それと浴びるほど飲んでいたお酒は、一切飲まなくなりました」

脳梗塞から復活した高山は、再び「帝王」に相応《ふさわ》しい様でマット界を縦横無尽に闊歩した。復帰から三年後の二〇〇九年三月一四日、全日本プロレスの両国国技館大会でグレート・ムタを破り、三冠ヘビー級王座を獲得した。全日本の頂点となる三冠奪取で新日本、全日本、ノアとプロレス界の三大メジャー団体が制定するシングル、タッグのすべてのベルトを史上初めて完全制覇したレスラーとなった。フリーという後ろ盾のない立場での偉業について奈津子は、

「この団体へ行けばオレはどうしたい、どういう風に見せたい、オレはこういう風になるっていう確固としたものがちゃんとある人だから達成できたと思います。彼の中には、これはカッコイイ、これはカッコ悪いっていう価値観があって、そこに妥協は絶対にありません。それは一緒にいて分かりました」

と語る。

高山は自宅で、国内外で一時代を築いたレスラーの試合ビデオをよく見ていた。奈津子はそれを一緒に見て、夫の価値観を理解したという。高山が憧れていたレスラーは「ブルーザー・ブロディ」だった。

「ブロディが入場してくる時に一瞬で観客のハートをつかむ姿から、試合はもちろん、あの花のあるカッコよさが好きでした。高山はこういうレスラーに高い価値を感じているん

だなぁって思いました」

ブロディは自らを高く買ってくれる地区を渡り歩くフリーとしての生き方を貫いた。出場する興行にファンは集まり、閑古鳥が鳴く地区も潤ったことから自らを「救世主」と呼んでいた。一九八八年七月一七日にプエルトリコで仲間のレスラーに刺殺され、四二歳の若さで急逝したが、孤高を美とした姿に高山は自らを照らし合わせていたのだろう。

脳梗塞からの復帰後はリング上だけでなく私生活でも大きな喜びに包まれた。二〇〇七年一月三一日に待望の長男・善弘が誕生し、家族が三人となった。プロレス界全体の人気低迷で苦しい時期もあったが、メジャーからインディー、地方まで様々な団体から参戦オファーは途切れずフリーとして輝きを放っていた。

あの時までは……。

二〇一七年五月四日、奈津子は、三八度五分の高熱に冒され寝込んでいた。高山はその日、ＤＤＴの大阪・豊中市ローズ文化ホール大会に出場していた。

夕方の三時ごろ、奈津子の携帯電話の着信音が鳴った。相手は、夫と仲が良いプロレスラーの鈴木みのるだった。

「その瞬間に嫌な予感がしたんです。普段は鈴木さんから私の携帯に電話がかかってくることなんかありませんから……脳梗塞の時も金原さんからかかってきましたし、よくないことが起きたんじゃないかって直感しました」

鈴木は、髙山が試合中にケガをして病院に運ばれたことを伝えた。それだけを連絡すると電話は切れた。続けてＤＤＴのリングドクターから電話が入った。髙山が試合中の事故で首を負傷し会場近くの病院に搬送されたことを知らされた。

脳梗塞からの復帰後、夫婦で約束事を決めていた。それは、試合が終わったら必ず「試合が終わった」と連絡を入れることだった。それが奈津子にとって何よりの安心だったし、髙山も復帰後は、どこへ行っても試合を終えると欠かさず連絡を入れていた。しかし、この日は、髙山からの電話もメールもＬＩＮＥも入らなかった。深刻な状況に陥っていると理解し一目散に大阪へ向かった。

病院に着いたのは、夜八時を回ったぐらいだったろうか。髙山は、集中治療室（ＩＣＵ）に入っていた。首を固定され、まったく動けない状態で自力で呼吸もできず、気道を確保するため口から気管挿管のチューブが入れられていた。

「意識はありましたけど、気管挿管でしゃべれませんから、私の顔を見て『あぁ』みたいな感じでした。私もショックとか、そういうことよりも『あらら』みたいな感じで、この状況をどう理解してどう受け止めていいのか実感がないというか、分からない状況だったと思います」

事故は、試合中に回転エビ固めをかけた時に頭からマットへ落下したことが原因だった。

搬送後は、首から下がまったく動かない状態に陥り、心肺が停止し死に至る危機に立たされていた。

医師からは「頸髄完全損傷」との診断を告げられ、すぐに手術をするかしないかの選択を迫られた。圧迫された首の神経の通りをよくするために首の骨を削る手術だったが医師からは「手術をしてもしなくても亡くなる可能性はあります。手術をしたからといって良くなるかどうかも分かりません」と告げられ、三日後には決断して欲しいと言われた。

「このケガをしてから今までで一番悩んだのが、この手術をするかを決める時でした。髙山はしゃべれませんから、私が決断しないといけない状況で、しかも三日間しかありませんでしたから……」

伝手《つて》を頼って複数の医師の意見を聞いた。それでも決断は下せなかった。

「さぁ、どうするってなった時に、手術をしてもしなくても亡くなるかもしれないとしても、何もしないでこのまま心臓が止まったら嫌だなって思ったんです。できることはやった方がいいと決断しました」

新たな試練の始まり

事故から四日後の五月八日、手術は一応は成功した。「一応」と記したのは、術後、一週間ほどで高山の心臓が止まったからだ。

「朝、病院へ行ったら看護師さんから『昨日、旦那さんの心臓が止まりました』って報告されたんです。『えっ！　心臓が止まったってどういうこと？』って思ったんですが、すぐに家族に連絡するほどの事態ではなかったみたいでＩＣＵにいたから蘇生措置も早く施せたみたいで……」

医師からは「手術はしたんですが、やっぱり神経が膨らんで圧迫していたんでしょう。逆に手術をしなかったらそのまま膨らんで心臓が止まったままだったかもしれません」と言われ、何が起きてもおかしくない状況であることを思い知らされた。

「大阪には三か月間いたんですが、最初の一か月は心臓が止まってしまうとかいろんなことがありすぎて何かふわふわした記憶しかないんです。本人も最初は強い薬を投与されていたので記憶が曖昧でほとんど覚えていないんです」

一か月を経たころに記憶の混濁が改善され、ようやく自らの意思を伝えることができるようになった。ただ、気管挿管でしゃべることはできず、目でひらがなが書かれた文字盤を追って意思を伝達する方法だった。最初に高山が発した「言葉」は「コーラ」だった。

「首から下が動かないので、物を飲み込む筋肉が動かせなかったんです。だから最初の二か月はずっと点滴で口からは何も食べられませんでした。たぶん、コーラって言ったのは口の中が乾いた状態で、シュワ～ってしたかったんだと思います。その後もあんまりコーラ、コーラってうるさいので、飲み込む筋肉が少し戻って重湯が飲めるようになった時に看護師さんには内緒でストローに含んで口の中にちょろって飲ませてあげました」

　次に高山が発した言葉は「ダースベイダー」だった。

「彼はスターウォーズが大好きで、人工呼吸器のシュー、シューっていう音がダースベイダーみたいだと思ってたみたいで、自虐的なギャグのように『オレはダースベイダーになっちゃったよ』って私たちを笑わせようとしたんだと思います。基本、面白いヤツなんです。あんな状況でも楽しませようとする、そういう人なんです」

　死線を彷徨《さまよ》い、首から下が動かない状況でも高山のパーソナリティーは不変だった。手術から一か月後、三歳上の兄・善将が初めて見舞いに来た時もそうだった。「善廣、大丈夫か？」と声をかけた兄に高山が文字盤で送ったメッセージは英語の「スティル・アライブ」（まだ生きているよ）だった。

「ダースベイダーもスティル・アライブもまさか誰も英語だとは思わないので、文字盤で『ス』、『テ』って目線を追っても全然分からなかったんです（笑）。何度も聞き返してやっと『スティル・アライブ』って分かったんですけど、お兄さんに『オレは死んでないぜ、生きているよ』っていう彼なりのジョークだったかもしれません」

　体重は大阪での入院生活で一二五キロから一気に四〇キロも減った。それでも人工呼吸器が取れ、かすかな声しか出せないが自力でしゃべることができる日が訪れた。

「今までの入院生活の中で、自力で呼吸ができるようになったこの時が一番の進歩でした」

　明るい兆しが見えた時、奈津子は高山の口からリング上で事故に遭った時の衝撃を打ち明けられた。

「あの時、オレ、首から下がなくなったよ」

　その言葉で、今、どういう感覚で日々生活を送っているのか、頸髄完全損傷がどれほどのケガなのかを理解した。

「それを言われて、私もハッとさせられました。それまでは、ベッドで横になっているのを見守ってきましたけど、どういう感じなのか正直、分からない部分があったんです。だけど、『首から下がない』って言われて……脳も動いて意識もしっかりして、性格も前と変わらないわけじゃないですか。なのに、首から下がないって……どんなにもどかしくて、辛くて厳しい状況なんだろうって思い知らされました」

八月に埼玉・所沢市内の病院へ転院する。そこからが奈津子にとって新たな試練の始まりだった。国の保険制度で長期入院は一定の条件を満たさないとおよそ三か月で退院を余儀なくされるのだ。所沢に入院した二〇一七年八月から一九年夏までの二年間で一二か所もの病院を転院した。

「所沢から新宿、所沢、武蔵村山、大森、蒲田、また大森、戸塚……と転々としました。新しい病院に移ると、すぐに三か月後に変わる次の病院を探すことが始まりました」

あらゆる伝手と知り合いの紹介を頼りに新しい病院を探した。心が休まる日はなかったが二〇一九年秋にようやく都内の施設を見つけ、ベッドを変えることなく生活する場所に落ち着くことができた。施設の近くに頸髄、脊髄を損傷した患者専門のリハビリ施設があり、今、高山は日々リハビリに取り組んでいる。現在の状態を奈津子はこう明かした。

「会話もできるようになりました。食事も普通に摂れるようになりました。ちょっとずつ地味に回復はしています。じゃあ自力で立てるかと言えば立てません。手足は動きません。腕は肘から先は感覚がありません。上半身はおへその上ぐらいまでしか感覚がありません。下半身はまったく動きません。それが今の現実です」

手足は動かなくても、ベッドの上で髙山は、頭の中でヒンズースクワットや手を握る練習をイメージしているという。すると不思議な現象が起きた。頭の中で手のひらを握り、スクワットをイメージすると髙山の顔面が紅潮し汗ばんできたのだ。

「ベッドの上で汗かいているから、『どうしたの？』って聞くと、『今、スクワット千回やったんだ』って笑うんですよ。しかも少し息切れしているんです。神経は動かせないけど、イメージすることで刺激を与えて、それが運動になっているんです。その時に『動けないのに動かそうとすれば体に伝わるんだな』って教えられました」

自分が死んだ後の髙山善廣

スクワットや握力のイメージトレーニングは、髙山が再びリングに立つことをあきらめていない証でもあった。

その意欲は友人で元プロ野球選手の下柳剛が見舞いに訪れた時に露《あらわ》になった。下柳が帰り際に「髙山さん、オレ今なら髙山さんに勝てそうですわ」とジョークを飛ばすと、髙山は即座に反応した。

「シモちゃん、やってみないと分からないよ」

顔は笑っていたが目は真剣だった。思えば、脱サラしてプロレスラーとなり、団体が崩壊しながらもイチから慣れない受け身を学び、フリーに転身し格闘技で伝説の試合を残し、様々なリングで自らの価値を高めていった。負けることを恐れず、果敢に新しい道を開拓したプロレス人生は、まさに「やってみないと分からない」挑戦の連続だった。

その闘魂は、手足の神経が遮断されベッドでの生活が余儀なくされた今も揺るぎない。高山の目標は、「担架でなく自力でリングを降りること」だという。どんなに遠くても「帝王」は、たどり着いてみせる、その一心で一秒一秒を戦っている。

病床で「復帰」を信じる高山に奇跡が起きる。長期に渡る入院は、莫大な費用がかかる。事故から四か月後の二〇一七年九月四日、高山の個人事務所「高山堂」の石原真マネージャーと親友の鈴木みのる、そしてＤＤＴの高木三四郎社長が会見し、初めて病状を公表し高山を支援する「ＴＡＫＡＹＡＭＡＮＩＡ」を立ち上げ、各団体に募金箱の設置を要請、そしてファンへはすがる思いで募金の協力を呼び掛けた。「ＴＡＫＡＹＡＭＡＮＩＡ」は、二〇一八年八月三一日に後楽園ホールで大会を開催し超満員札止めの千五百人の観衆を集めた。さらに二〇一九年八月二六日にも後楽園で第二回大会を開催し、同じく札止めの観衆が押し寄せた。いずれも各団体から選手が参戦し、ロビーでは出場しない選手が自発的に募金箱を持った。これは奇跡としかいいようのない出来事だった。高山善廣というレスラーがリング上からどれほどのメッセージをファンに送ってきたか、そして仲間からどれほど尊敬されてきた存在だったかが証明された。

奈津子もリング上であいさつした。あの時の信じられない光景を思い出しながら今、奈津子は「本当にみなさんが温かくて感謝しかありません」と言葉を絞り出すと「ウチのパパはすごいんだなって、私の旦那さまってすごい人なんだって思いました」と打ち明けた。

二〇二〇年を迎え、「自力でリングを降りる」目標へ週二回のリハビリに汗を流す日々が続いていた。

八月二六日には、後楽園で第三回の「ＴＡＫＡＹＡＭＡＮＩＡ」開催も予定していた。劇的な回復が見えれば、会場へ姿を見せる可能性もあった。

しかし、誰もが予期していなかった新型コロナウイルスに行く手を阻まれた。

三月十日前後から高山が入院している施設へ外部から入ることが禁じられた。六月上旬まで外出も止められ、三か月間にわたりリハビリもできなくなった。

以降、奈津子も特別な用事以外に夫と会えなくなり、三月上旬から数回しか顔を合わせていない。体調は看護師からの報告を定期的に受けるだけの状態になった。

そして、「ＴＡＫＡＹＡＭＡＮＩＡ」の開催も中止を余儀なくされた。

高山がケガをしてから三年となった五月四日、奈津子はブログで「５月４日」と題し自らの思いをつづった。

「いつも高山への、ご支援、応援本当に有難うございます。

高山が大ケガをしたのが、ちょうど3年前のゴールデンウィーク中。世の中が連休でも、高山家はパパが試合で出かけていることが多かったので、旅行などに行くこともなく子どもと普通に過ごしておりました。だけど突然、パパが大ケガ。入院してしまったことで、普通に、いつも通りに過ごせなくなってしまいました。

そうなって初めて、私はつくづく、日常のありがたみを感じました。毎日毎日、ゴハン作って洗濯して、家族の世話をして仕事もして、あー、めんどくさい、とか思ってたころが懐かしい。

いつも通りの日常がなくなっちゃった。

もう『いつも通り』には戻らない。

だけどコロナ禍は、いつかは収束するはずです。

そうすればまたきっと、日常が戻ってくるはずです。

『いつも通り』に子どもは学校に行って、仕事もして、友達に会ったり、お出かけしたり……。

それまではとにかく、おウチでジッとしてることしかできないですよね。

息子と二人で煮詰まる日々ですが、私たちもおウチにいます。
一緒にガマンしましょう。
そして一緒に乗り越えましょう！」

奈津子は、あの二〇一七年五月四日からこれまで高山の前で一度も涙を流したことはない。

「あえて泣かないわけじゃないんですけど、彼も望んでいないと思いますし、今も毎日『パパうるさいよ』とか前と変わらず普通に叱ってますし、病人だからと言って甘やかすことはしていません（笑）」

そう笑った奈津子は、ただひとつだけ口に出すことをやめている言葉がある。それは「頑張って」だ。

「もともと頑張れって言われるのが嫌いな人なんです。傍で見ていて、入院してから今までずっと頑張っているのは十分に分かってますから、頑張っている人にまた『頑張って』っていうのは違うような気がするんです。ただ……」

言葉が途切れ、切なそうな表情を浮かべた。

「かわいそうだなって思うのは、鼻くそも自分でほじれないんですよ。さすがに看護師さんに『鼻くそほじって』って言えないじゃないですか。だから私が来るのを待っているんです。普通だったら何てことのない鼻くそをほじれない姿を見ると……何か……」

夫の姿を思い浮かべたのだろうか。心なしか奈津子の目が潤んだ。そして、抱えてきた葛藤を告白した。

「高山が最初に入院した大阪の病院で先生に聞いたんです。『このケガは動けるようになりますか？』って。お医者さんは『動けるようになることはありません』とおっしゃった。その時、本人はまた動けるようになるって、脳梗塞も克服したんだから同じように良くなるって信じていたんです。お医者さんは優しい方で、本人の気持ちがめげないように本当のことは告げませんでした。だから私がそのことを本人に伝えなければならない、でもどう伝えるか、すごく悩みま

「頑張って」とは言わないという奈津子

した」

苦悩の末に奈津子は、夫に厳しい状態であることを伝えた。

「だけど、本人は絶対に治ると思っています。このまま動かないことを受け入れられないと思うんです。それはそうですよね。人間が、生きているのに、自分の体が動かせないなんて受け入れられないと思いますし、だけどいつかは受け入れないといけないし、それを受け入れるまでに個人差もあると思います。でも高山は今もずっと、絶対に自分は立てると思っています。その思いは私も否定することじゃないと思っています。だけど現実は厳しいんです。あの日からずっとそんな葛藤が私の中にあります」

あの一九九三年一〇月四日の出会いから楽しいことばかりだった日々、ケガと病気と闘う姿を奈津子は見守ってきた。そして今、その先の現実を見ていた。

「私が今、考えていることは……彼が自分の思うようになれなかった場合のことも想定して行動しないといけないんです。それは子どもの将来のこともそうですし、もし、このまま彼が動けないまま、私が死んじゃったらどうしようって思っています。他の人の手を借りてでも彼が生きていけるように全部整えてあげないといけないと思っています。私が世話をしてあげられるうちはいいんですけど……私ができなくなったらどうするんだろう？って考えるんです。そうなった時の手配も着々と準備してます」

奈津子は万が一、自らの命が尽きた後の「高山善廣」に思いを巡らせている。

高山がリングに立つ日を願って、膨大な数のファン、レスラー、知人、友人が支援を続けている。しかし、自らが亡くなった後の高山の未来を考えている人は、この世界で「高山奈津子」だけだろう。

第3章

剛竜馬の妻・八木幸子

——男と女、ミックスド・デスマッチ十番勝負

文＝ターザン山本

剛竜馬《ごう・りゅうま》

本名・八木宏。一九五六年三月二三日、東京都新宿区生まれ。七一年、国際プロレスに入団。七二年九月九日に米村勉戦でデビュー。七六年に海外武者修行後の凱旋帰国でリングネームが剛竜馬となる。七八年五月に国際を退団しフリーとなり新日本プロレスに参戦。七九年一〇月に藤波辰巳を破りＷＷＦジュニアヘビー級王座を奪取。同年、新日本に入団する。八四年二月に新日本を退団し同年四月にＵＷＦに参加。以後、全日本プロレス参戦を経て八九年四月にパイオニア戦志を旗揚げ。九二年六月にオリエンタルプロレスを旗揚げも九三年一二月に崩壊する。以後、フリーとして活動し「プロレスバカ」の異名で人気を得るも二〇〇三年一月に窃盗の疑いで逮捕。不起訴処分も一八八日間の拘置所生活を送った。二〇〇九年一〇月一八日に敗血症のため五三歳で亡くなった。

八木幸子《やぎ・さちこ》

旧姓は長谷川。一九六七年二月六日、東京都江東区生まれ。高校を卒業しブリヂストンに入社。一九歳の時に剛竜馬と出会い、二〇歳で長女を出産。八七年九月に剛と結婚し八九年二月に次女、九一年八月に長男を出産する。二〇〇五年に剛と離婚。現在、神奈川県厚木市内の会社に勤務。

金のために中学中退でプロレスラーに

男は最後、結局のところ朽ち果てていく。

女は男が朽ち果てていく姿を見届けることになる。

そんな関係を思いがけず生きてしまう人がいる。そこにはもう、男とは何か？　女とは何か？　それしかないのだ。

旦那がサラリーマンとか会社員だと朽ち果てるも何もその手のドラマは初めから存在しにくい。これがプロレスラーとなると話は一変する。彼らは朝九時に出勤し夕方五時に仕事が終わるような生活とは無縁だ。というよりそれ自体が無理というかできない人種。その点では剛竜馬というレスラーも例外ではなかった。

一九五六年、東京都新宿区生まれ。今、生きていれば六四歳だ。父は新橋で名前を知られた腕利きの板前。母は芸者だったという噂を聞いたことがある。剛竜馬の本名は八木宏。だから仲間のレスラーは彼のことをいつも「八木！」と呼んでいた。下には二人の妹がいた。父は極道も顔負けの破滅的生き方。さんざんその夫に苦労させられた母は突然、家出。行方不明となった。つまり夫の目が届く世界から完全に消えてしまうことを決断したのだ。

その時点で母は三人の子どもを放棄。この結果、剛兄妹は父と母の両方から捨てられた形となった。みなし子ストーリー。まるで梶原一騎の劇画のドラマを思わせる。母は失踪。父は論外。両親は生存していたのにである。

剛が一〇代のころ、なぜかこの兄妹は関西に拠点を移していた。一九七〇年代の終わり、私は大阪で発行していたプロレスのタブロイド版の週刊紙「週刊ファイト」で記者をしていた。剛と親しくなり西宮の住まいを紹介されたことがある。下の妹はまだ小学校低学年だった。

さて、中学生だった剛は突然、上京。力道山が作った日本プロレスの門を叩いた。中学卒業は義務教育で決められている。それなのに中学中退でプロレスラーになろうとした。おそらく妹二人を自分が食わせていくのはこれしかないと思ったのだ。

中学中退でレスラーになろうとしたのは剛が最初にして最後かもしれない。当然、先輩レスラーは「中学を卒業したらもう一度、出直して来い」と言ったはず。とにかく金が欲しい。金が必要。せっぱつまっていた剛は日本プロレス入りをあきらめ一九七一年、一五歳になった時、国際プロレスの第一回新人公募に応募。

そこで唯一、合格したのは剛だった。しかしこの選択は剛の運命を大きく支配していく。なぜなら国際プロレスは日本プロレスと比べた時、あまりにも弱体。将来性は断然日本プロレスの方にある。彼は性格的に待てないタイプなのだ。中学生というだけで門前払いを食ったことが気に入らない。だからあえてマイナー団体に飛び込んだ。

この反骨精神はその後もずっと顔を出し続けていく。シビアな言い方をするとそれがもう幸薄い人生を予感させた。それでも本人は自信満々。それが剛という男なのだ。

一六歳の時、剛はプロレスラーとしてデビューした。とりあえず第一目標はクリアーだ。普通、高校には行くだろう。さらにその上には大学がある。そういった学歴社会に八木少年はまったく興味なかった。何がそうさせたのか？　世の中からのひとり脱走兵。その脱走兵の受け皿はもはやプロレスしかなかったというわけだ。どれだけ追い詰められていたのかと言いたい。そこにあったのは「俺の気持ちなんか誰も分かってくれない。何が分かるんだ」という思いだ。

デビューしたあと一〇代ですぐ海外修行に出された。一応それはプロレス界ではエリートコース。凱旋帰国した時、スターの座が用意されているのだ。その国際プロレスにはジャイアント馬場やアントニオ猪木というスーパースターがいなかったので興行的に苦境に追い込まれていく。そのうち月々のファイトマネーの支払いが遅れ始める。

生活のために金のためにレスラーになったはずなのに。剛は悩んだ。そんな時、日本プロレスを抜けた猪木が設立した新日本プロレスから「ウチに来ないか？」と誘われた。剛はこの誘いに乗った。国際プロレスからの退団、離脱である。日本人のレスラーは自分の都合で一方的に他団体に移籍することには抵抗感がある。育ててくださった恩義があるからだ。

だからどんなにファイトマネーの支払いが遅れてもじっと我慢。耐え忍ぶ。剛以外のほとんどのレスラーは国際プロレスが団体活動を休止するまで運命を共にした。吉原社長を裏切ることができないのだ。

そのため剛は悪者になった。「お前だけ勝手に新日本プロレスに行きやがって……」。剛にしたらもらうべきものをもらっていない。じゃあ、妹たちはどうなるんだとなる。新日本プロレスに移った剛はいきなりジュニアヘビー級で一大ブームを巻き起こしていた藤波辰巳（現・辰爾）のベルトに挑戦する。

ナンパして、デートして、子どもができた

藤波は剛より二歳年上。彼もまた中学を卒業して日本プロレスに入っていた。大分県国東半島の田舎から出てきた少年、藤波は猪木が新日本プロレスを旗揚げすると、猪木についていった。この選択は藤波にとって大きな幸運をもたらしていく。

剛が陰としたら藤波は陽だ。藤波にとっての猪木は明らかに偉大な師である。剛は生涯、自分が師として尊敬すべき人間に出会うことはなかった。これは不幸なことである。

師が成功すれば弟子はその恩恵を受ける。師のない男は流れ者になるしかない。シンデレラボーイとなった藤波は関西で人気モデルをしていた女性との婚約をニューヨークで発表。夢のようなサクセスストーリーだ。藤波は性格的にも温厚。争いごとを嫌う。自己主張をぐっと自分の中で押さえこむことができる。

これに対して剛は組織に順応して上手に生きることができない。上下関係埋没型人間とは真逆なのだ。人に好かれる藤波とはそこでも好対照。そのいい例がある。剛は一時、全日本プロレスのリングに上がっていたことがある。だが自分からそこを去っている。その理由がまた変わっていた。「なぜ俺がジャイアント馬場の一六文キックを受けてフォールされなければいけないんだ？」

そのことが彼からすると屈辱。ガマンできない。でも御大、馬場の一六文キックで負けていればそれが食いぶちになる。生活はそのことで保障される。これはいかにも剛らしいエピソードだ。

自然と裏街道を選択してしまう剛に思いもしないことが起こった。まさかそれが女性だったとは。といってもそれは劇的なドラマでもなんでもなかった。剛がいつも目にしている光景である。プロレス会場ではファンがレスラーについてきてサインを求めたり写真を撮ったりする。その多くは男性ファンなのだがたまたま剛の前に二人の女性ファンが現れた。場所はプロレスファンにとって聖地と言われている水道橋にある後楽園ホール。東京ドームのとなりにある当時は青いビルの五階だ。三つあるエレベーターで上がっていく。ボクシングの試合や「笑点」の公開収録も後楽園ホールでやっている。

　この二人の女性ファン。ひとりは髙田延彦のファンだからプロレスのことはよく知っていた。だがひとりで行くのはというので高校時代の同級生に声を掛けた。その同級生はプロレスのことは何も知らない。そのころ女の子のファンの間では、タオルをレスラーにプレゼントするのが流行していた。そこで二人は錦糸町で自分がデザインしたタオルをそれぞれ作り、後楽園ホールに行ったというわけだ。

　剛はファンからプレゼントされることには馴れている。もしかすると剛の部屋にはすでにタオルは何枚もあるかもしれない。だから二人からタオルをもらって「ありがとう！」と言えばそれ以上のことは何も起こらない。そんなものである。ところが、どこでどう間違ったのか剛は友達に誘われて会場に来た女性の方に声を掛けた。これはナンパである。レスラーはカワイイ子がいたり気に入った子がいたらすかさず行動を起こす。当然だ。

「どう、今度ボクとお茶しない？　六本木の交差点にあるアマンドで待っているからね……」

あのころアマンドといえば外観はピンク。おいしそうなケーキがケースにずらりと並んでいる。女性にとっては安心できる雰囲気がいっぱいの喫茶店だ。待ち合わせ場所に利用する人は多い。剛からの誘いはナンパが大前提としてあるのに彼女はＯＫを出した。この時点で彼女はプロレスラーがどんな人間なのか？　また剛竜馬がどういうレスラーなのか？　まるで何も知らなかった。

はたしてそこに警戒心はあったのか？　なかったのだろうか？　高校を卒業。働き始めてからまだ一年目。社会人としてはまだホカホカの新人である。これだけはいえる。剛と彼女。両者は共に一目惚れではなかった。だがお互いなんらかの形で相手に対しては好感度が高かった。そこが唯一の拠り所だったのだろうか？　というわけで恋心や恋愛感情うんぬんのレベルとも少し違う。

あくまでレスラーとファンである。そこから二人の関係が急転回する。なんと彼女は妊娠してしまったのだ。男の側にその気がなくてもできたものはできたのだ。剛にとってその事実は想定外だったはず。彼女はどうだったのか。結果的に想定内といえるかもしれない。いずれにしても妊娠は重たい事実だ。現実だ。自覚と無自覚。一気に男と女の間に噴出してしまう温度差。

剛は「え？　急にそんなことを俺に言われても……」となる。男の最初の反応はどうしてもそうなる。はたして剛は彼女のことをどれだけ好きだったのだろうか。それについて考えることはもう野暮なことだ。子どもができたという出来事がすべて先行してしまっているのだ。

新婚旅行はテキサス遠征

今回、私は彼女を取材するにあたり「いきなり、できちゃった婚ですか？」と質問した。「ハイ、その通りです」と彼女は答えた。私は剛という人間のことは自分なりに分かっているつもりだ。まず結婚生活ができるタイプではない。だからこの人は生涯、結婚しないと思っていた。彼の中で彼女との結婚は頭になかったのに子どもができてしまった。さあ、どうするである。

普通、こういうケースでは一時的に男はあわてる。うろたえる。戸惑ったりする。そうでなかったら居直ることもある。剛はずぶといところがある。「俺、九州に特別な人がいるんだよね……」と言い放った。じゃあ、浮気だったのか？　遊びだったのか？　レスラーはこの件は逃げ切れると思うかもしれない。そうして泣き寝入りになるのは女性の方だ。

あるいは泥沼的状況になったりする。女性も黙ってはいないからだ。「責任、取ってよ。どうしてくれるの?」である。「わたしとその人とどっちかハッキリさせてよ」と強気に出たりする。もっと過激になると「マスコミにこのネタを売り込むわよ」とおどすかもしれない。

こうなると男は無力。防戦一方。修羅は目に見えている。しかも悪いことに解決方法はどこにもないときている。ところが妊娠した彼女はここで思いもよらなかったことを言ってのけたのだ。

「いいですよ。生まれてくる子どもはわたしがひとりで育てますから……」

剛はプロのレスラーである。彼女は二〇歳そこそこの素人の女の子である。一体どうしてそんな言葉が吐けたのだろうか? 意味が分からない。挑発ではなく本心を言ったまでのことだとしたら恐ろしい。彼女の両親は娘がレスラーと付き合うことには初めから反対していた。家は下町にあり自営業。お米を配達したりする仕事。姉は両親よりさらに過激。猛反対。「あんた何やってるのよ。(付き合うの)やめなさい。絶対にやめなさい」の一点張り。

ここで私はある仮説を立ててみた。彼女は両親と姉には頭が上がらない。いつも抑えられてきた。特に強い姉は強敵だ。そこを逆転させるにはこれしかない。無意識のうちにたまりにたまっていたものがそんな大胆な行動に走らせた。有り得る。

剛に向かって言った、「いいですよ。わたしがひとりで育てますから……」は天下無敵の必殺技といえる。剛はレスラーなのにこの必殺技の前にスリーカウントを奪われた格好だ。フォール負けではないか。両親も姉もフォール負けと同じだ。生まれてくる子どもは自分が育てるとは両親と姉からの独立を同時に意味している。彼女自身はそこまで計画的ではないところがまた面白い。小さいころから育った家から自由になりたいという思いは女性の中にはある。

もう一つ質問してみた。

「初産はどうだったの？　難産だったの？」

え？　二時間もかからずに長女が生まれてきたの。丸っきりの安産。ラッキーだね。わたしがひとりで育てると言ったことが言霊になっているのかもしれない。ノイローゼ、不安、神経症になってもおかしくない。女性は心配性の人が多いからだ。めずらしいタイプだ。

それでも産後はホルモンのバランスが崩れたことでさすがの彼女も不安定な精神状態が続いた。それを打開する方法として取ったことがまた剛らしい。剛はアメリカで試合をサーキットすることになり、そのアメリカ遠征に彼女が同行することになったのだ。江戸川区とか墨田区で育った子が太平洋を飛び越えていきなりテキサス州に大ジャンプしたのだ。テキサスはアメリカの中でアラスカ州に次いで二番目に広い州。試合は一つの都市にとどまって定期的にする場合と各地を転々と車で移動しながらするものとがある。日本人レスラーがアメリカで試合をする時は単独で乗り込む。彼女を同伴して渡米することはほとんどない。仕事の現場をパートナーの女性に見せることはしない。この点でも剛は変わっていた。

そのことを自然に受け入れている彼女は剛以上に変わっているといえる。彼女は自分のことを楽天的な性格ですからと言った。女性からその言葉を私は初めて聞いた。それは彼女の強さを表している。どんなことがあってもいちいち悩んだりしない。すべてスルーできる。そうでないと剛のようにややこしい人間と普通にコミュニケーションすることは不可能だ。

アメリカ行きは彼女にとって形を変えた新婚旅行だったといえる。生まれたばかりの赤ちゃんの面倒を両親にまかせて二人は日本をあとにしたのだ。テキサスではどんな都市をまわったのだろうか？　車での移動は二百キロ、三百キロ、五百キロは当たり前。剛はレンタカーを借りて彼女が助手席？

試合で彼女が見たのはニンジャに変身した剛の姿だった。日本人はカブキとかになるとアメリカでは人気が出る。顔にペイントをしたグレート・カブキがそうでありグレート・ムタがそうだ。ケンドー・ナガサキもそうだ。

ところがニンジャになったはいいが剛は持病の痛風が出てしまった。そのことでニンジャの動きができない。痛風はリングシューズをはける状態ではない。裸足も足袋もダメ。試合ができないと稼ぎがなくなる。彼女はそんなことまで知ってしまった。

花嫁試練の十番勝負

プロレスがどういうものなのか？　まがりなりにも彼女はそこで何かを理解したはずだ。それを職業としている剛についても同じような認識を持つことができた。結婚するにあたっては自分はどういう人間なのか？　それは彼女にとっても知ってもらう必要があった。新婚旅行から帰国すると成田離婚というのがあるがそうなってもおかしくない話だ。

その後、テキサスからロサンゼルス、ラスベガスに行った。ここでも剛は本領を発揮する。賭け事が好きな剛はラスベガスで有り金をみんなすってしまった。彼女はこれでは日本に帰国できない、どうするのと思ったそうだ。それなのに剛は彼女が持っていたお金まで賭けに使っている。女性が一番、嫌うことは浮気とバクチ。その賭けの現場さえ彼女に見せてしまうのはよっぽどの神経だ。成田離婚の確率はますます高くなる。それでも彼女は動じなかった。

夫としては向いていない人。期待できない人。プライオリティのトップにはバクチがある。私もバクチ好きだから剛の気持ちは分かる。以前、大昔の話だが私が大井競馬場に行ったら二階のスタンドでバッタリ剛に会ってしまった。その時の剛の目は「お前もバクチが好きなのか？」とこっちに妙な合図を送ってきた。共に地獄に堕ちようぜといった感じの目である。

もう一つミスター・ポーゴが群馬の地元で結婚式を挙げた時、私も剛もその披露宴に列席した。その日は日曜日だった。帰りはJRの電車で一緒になった。となり同士ですわっていると突然「今日のメインのレースで馬券が当たったから」と私は祝儀として一万円札を渡された。結婚式に出ながらちゃっかり馬券を買っていたのだ。これはもう本物というしかない。

家族よりも彼女よりもバクチの方が優先。そうでなかったら自分を優先させる。自己愛しか生きるよすががないのだ。そんなこんながすべて分かったアメリカ新婚旅行だった。浦安の東京ベイヒルトンホテルで剛と彼女は結婚式を挙げたのだがその時も彼女は同じような経験をしている。結婚式は花嫁のためにあるものである。真っ白いウエディングドレスは女性にとっては人生最大の晴れ舞台。剛もまた、白に身を包み長女を右腕で抱っこして花嫁と写っている写真がある。

ところが披露宴になると国際プロレス時代の先輩レスラー、ラッシャー木村やアニマル浜口らが夜を通して大宴会を展開。どんちゃん騒ぎである。もうそれは朝まで続いた。酔いつぶれるまで飲むのだ。花嫁のことはほったらかしだ。仕方ない。彼女はスイートルームでひとりさびしくベッドで寝ていたそうだ。それはいくらなんでもひど過ぎる。こんな失礼な話はない。これはアメリカ遠征同行に次ぐ第二のリハーサルだ。剛からすると自分のそんな姿を見せておかないとこれからのことはうまくいかない。そんな思惑があった。

プロレス界に大型新人が入団してくると「試練の七番勝負」というのが企画される。例えばミュンヘンオリンピック、アマレス代表のジャンボ鶴田。タッパ（身長）がある。あらゆる角度からスープレックスを極めることができる。もはや将来、スター間違いなし。その期待感もあって実力派のベテランを続々と鶴田の相手としてぶつけていくのだ。そのことでプロレスのきびしさ、タフさ、奥の深さを有形無形に叩き込む。教え込むのだ。

アメリカ遠征同行と結婚式を私は今後、スタートする結婚生活のリハーサルと読んだ。わざと自分のことを嫌になってしまうようなことをする。そのことで自分のことをあきらめさせる。絶望させる。それで去って行ってくれたらそれにこしたことはない。そんな意地悪な仕掛けのことである。まあ、他の女性なら一発で剛のもとからさっさと去って行く。この底意地の悪いリハーサルは、試練の七番勝負の一つと言い換えた方がいいかもしれない。

彼女は逃げなかった。去らなかった。軽い絶望とかショックは味わったかもしれないが「ああ、この人はこういう人間なのだ」と割り切った。これについてはどう解釈したらいいのだろうか？　この世界には男と女しかいない。男は剛だけではない。剛ひとりにこだわる必要はどこにもない。スペアならいくらでもいる。いくらでもあるだろう可能性にすべてシャッターを降ろしてなぜ剛と共に生きることを選んだのかである。

分かりやすく言うと平凡なことや当たり前のことなら変わったことの方を選ぶ。なぜか？　その方が面白いから。楽しくはないけど面白い。この一点に尽きる。要は何があっても受けて立てばいいのだ。プロレス流受け身の思想だ。それについては決して文句は言わないことが条件となる。

同居生活が始まった。ここで試練の何番勝負の中の一つが待ちかまえていた。それは何だと思う？　信じられない話である。アパート代は剛が払ってくれた。だが家に一円も入れてくれないのだ。そんな結婚生活はない。剛の中では家に金を入れるという発想がなかったのか？　男という生きものは外で働いて得たお金を家族のためにそれを持って帰る。

これが暗黙のルールだ。世間の男はすべてそれをやっている。絶対的約束事である。この件についてはさすがに彼女も黙っていなかった。剛とケンカしたそうだ。だって生活していけない。生きていけない。

「三人の子どもがいる私の勝ちです」

　このころ、剛は一か月に一〇万円入れるという案を出した。一〇万円を三〇で割ると一日、三〇〇〇円になる。食費、光熱費、その他、もろもろを考えるとやりくりが大変だ。剛はその一〇万をしぶしぶ出していたのではないか。

　プロレスラーとしての稼ぎがなかったのか？　そういう問題ではない。稼ぎはあったはずだ。試合のファイトマネーの他にタニマチやスポンサーがいる。その方面での副収入はあった。ある時彼女は問いただした。「今日、試合がありましたよね。そのギャラはいくらだったんですか？」と。すると剛はひと言「さあ……」ととぼけた。その返答を聞いて、彼女は追及しても意味はないと悟った。だから剛が一か月どれだけの収入があり、年収はいくらくらいなのか、最後まで知ることはなかった。

　フリーのプロレスラーは一試合（ワンマッチ）いくらで支払われる。日銭稼ぎである。

収入は不安定。試合がなければ稼ぎはない。一九九五年四月二日、剛が三九歳の時だ。私はベースボール・マガジン社が主催した「夢の懸け橋」という興行を東京ドームでやった。マット界の主要団体を一堂に集めたオールスター戦と考えればいい。女子プロレス団体も出た。全一三試合。一三団体。この中で一試合だけ団体ではないカードが組まれた。

メインは新日本プロレス。セミは全日本プロレス。第一試合にＪＷＰ女子プロレス。その団体外のカードに剛の名前があった。剛は宇宙魔神シルバーＸとのシングルマッチに登場。この時、剛は「プロレスバカ」というニックネームをファンがつけたのがプチブームになっていた。「ショア」という掛け声を試合中に出すことでもヤンヤの声援を受けていた。特別枠という形で私は

「プロレスバカ」として声援を受けた剛竜馬

剛のカードを組んだのだ。異例の扱いだ。剛には二〇〇〇万円のギャラを支払った。他のプロレス団体には五〇〇万。新日本プロレスと全日本プロレスはメジャーなので二〇〇〇万。

　剛が対戦相手の宇宙魔神にいくら払ったのかは分からない。宇宙魔神はすでに亡くなっている。おそらく一〇万円ぐらいだと思う。そうすると剛の手元には一九〇万ある。三〇万円払ったとしても一七〇万だ。彼女にその話をすると初めて聞いたと言った。その大金は家族には渡さないでバクチに消えたことが予想される。そんなもんだ。

　これは世の中的には人でなしである。しかしそれをやればやるほど彼女は自分の世界を強固なものにしていったというパラドックスがある。それを剛は知る由《よし》もない。剛には依存できない。依存したら自分もつぶれてしまうという彼女の気持ちがさらに強化されていったのだ。彼女は剛によって徹底的かつとことん鍛えられたのだ。パートナーに何も期待しないというのは究極の境地である。最強と言ってもいい。子煩悩だった剛は家にいる時は子どものことはかわいがった。一緒に遊んだ。学校の参観日にも行ったそうだ。

　家族で出かけレストランとかで食事をした時はさすがに剛が払ったそうだ。そんな心配も彼女はしたのではないだろうか。以前二人が浦安に住んでいたことがある。その家に私は剛から招待された。レスラーの自宅にうかがうことはほとんどない。どういうつもりだったのだろうか？　取材ではなくあくまで個人的なことだ。

じゃあというので私は、すき焼きをお願いしますとリクエストした。どうせ行くならというのが私の考えだ。部屋は暗かった。すき焼きはテーブルだったのか畳の上だったのかおぼえていない。いずれにしても部屋には家族が住んでいるという気配がまるでなかった。剛はたまにしかこの家に帰っていないのではないのか。彼のいちいちの仕草からしてこの家に居ついている感じがない。時々気が向いた時だけ家に帰る。それもあって楽しくすき焼きをいただく空気感がなかった。すき焼きがこんなにしらじらしく見えたことはない。剛はそこでも家庭向きの人間でないことがまじまじと確認できた。

　彼女が証言している。アパート代がなくて夜逃げ同然のことをしたことがあるというのだ。それは悲惨なことだがある部分、共犯意識がないとできない。だって夜逃げは共同作業だから。しかし一〇か月もアパート代を滞納となるともはや問題外。完全に限界だ。お金はなかったわけではない。あったはずなのだ。バクチ好きなら分かる。バクチ好きにとってお金はあってもない状態と同じことなのだ。そこにお金があると全部、バクチに賭けてしまうからだ。

　メガネスーパーがプロレス界に参入。ＳＷＳという団体を旗揚げした。メガネスーパーの田中社長と剛は親密な関係にあった。そこで剛をＳＷＳに入れようとしたら、全員が猛反対。あれだけは入れるなの大合唱。それならと田中社長は剛にポンとン千万円を渡したそうだ。二千だったかも。はっきりした金額は分からない。

彼女は初めて自分から意思表示をした。離婚である。剛はいろんな人から借金をしている。結婚しているとその借金を背負わされてしまう。もう一つは三人の子どもは自分の手で育てる。剛はいなくてもいい。そのため彼女は昼働き、夜は居酒屋でアルバイトをした。試練の何番勝負を繰り返しているうちに剛に対する免疫力が大幅にアップしていた。その精神力は今やゆるぎない自信になっていた。

こういう時、男はだらしない。離婚が成立するまで五年もかかっている。剛には離婚を拒否できる権利はどこにもなかったのにである。生活力を完璧に身につけていた彼女とは力関係が完全に逆転。そこにあるのは成れの果てとなった男のみじめな姿しかない。時すでに遅しである。さんざん好きなことをやっておきながらこの期に及んで家族のもとに帰ろうとするのは虫が良過ぎる。離婚したあとも剛は彼女が住んでいる近くのアパートに移っている。息子を呼び出してバッティングセンターに行ったりしていたようだ。

私はバツ2だがいったん離婚すると妻や子どもとは二度と会わない主義だ。それは剛にはできなかったのか。離婚後、実際、剛にお金を貸した人物が彼女のところにそれを返してくれと言ってきた。男の末路は哀れだ。二〇〇九年一〇月一八日、剛は亡くなっている。五三歳だった。母は四八歳で亡くなり父も五二、三で亡くなっている。剛は「ガン家系な

「子ども三人産んだ私の勝ち」と言う八木幸子、孫たちと

んだよ。父も母もガンで早く亡くなっているから俺も長生きできないかも……」と生前、言っていた。酒を飲み過ぎて肝臓を悪くしそれが死因につながっていることを思うと剛の言うことは言い訳に思えてくる。剛が危篤に近いことを知ったのは長男。それで翌日、長女が剛のアパートに行くとすでに息もたえだえの状態。あわや孤独死になるところだ。アパートから連れ出して家に剛を迎え入れた。やっと剛は家族のもとに帰れたのだ。だがすでに息を引き取る寸前。彼女に向かって口をわずかに動かして小さな声で言葉を発した。それは「ありがとう！」だった。

バクチ打ちの最後の言葉が「ありがとう！」なのか。剛が亡くなった直後に剛にとっての初孫が生まれている。三人の子どもには四人の孫がいるが、その姿を一度も見ることなく剛は天国に行った。彼女は孫の顔を見たかったんじゃないのと言っている。

剛と彼女のことは男と女。ミックスド・デスマッチだと言っていいだろう。前半は剛が圧倒的優位に立っていた。彼女のことを子ども扱いした。中盤を過ぎ後半の部分に突入すると彼女が反転攻勢に転じた。それを説明するように彼女は「三人の子どもがいるわたしの勝ちですよ」とつぶやいた。孫のうち男の子は顔が剛竜馬にそっくりなのだ。まるでうり二つ。彼女は剛のために立派なお墓まで建てている。

再婚しないんですかと聞いたら「あんな人と出会ったらもう無理ですね。できません」。そうか。そういうことか。八木家は剛ではなく彼女が受け継ぐ形で末広がりになっている。子ども三人。孫、四人。剛は彼女と結ばれたことで大きな財産を残すことができた。その点では天国で勝利宣言をしてもいいのではないか。藤波辰爾、天龍源一郎、ジャンボ鶴田には孫はいない。長州力にはひとり孫ができた。前田日明、佐山聡（初代タイガーマスク）、闘魂三銃士、四天王にも孫はいない。そう考えると彼女は断トツの存在だ。

「離婚するとモテるでしょう？」

「ええ、そうなんです。お年寄りの年輩の方からね。カラオケに行こうとかホントにモテモテですよ……」

第4章

葛西純の妻・三知代

——血に染まった夫のシャツを脱がせた日々

文＝福留崇広

葛西純 かさい・じゅん

一九七四年九月九日、北海道帯広市生まれ。九八年に大日本プロレスへ入門し同年八月二三日にデビュー。二〇〇二年七月に大日本を退団しＺＥＲＯ－ＯＮＥへ移籍。〇五年二月に退団。アパッチプロレス軍として大日本へ復帰し〇九年八月からプロレスリングＦＲＥＥＤＯＭＳ所属となる。身長一七三センチ、体重八八キロ。

葛西三知代 かさい・みちよ

旧姓・高田。一九七六年六月二九日、長野県木曽郡生まれ。高校卒業後に長野県駒ヶ根市の観光会社に就職し、二〇〇一年六月二九日に葛西純と結婚する。〇四年一月二日に長男、一七年八月三〇日に長女を出産する。

プロレスラーと仲良くなりたくて

デスマッチのカリスマと呼ばれる葛西純は試合を終えて横浜市内の自宅に帰ると自力でTシャツを脱ぐことができない。

蛍光灯、画鋲、有刺鉄線、カミソリ……デスマッチで様々な凶器が食い込んだ背中から流れた夥《おびただ》しい血は、シャワールームで洗い流しても止まることはなく、帰宅するころには、固まった血がまるで粘着テープのようにシャツに貼りついてしまうのだ。一人で脱げないTシャツを一緒に背中から「はがす」ことが妻・三知代の務めだった。

「そんなのは日常茶飯事で、デスマッチの試合があった夜は、シーツの上にバスタオルを敷きます」

睡眠中も背中から出血が止まらずシーツが真っ赤に染まることを防ぐためにタオルを敷く。部屋に凶器の破片が落ちていることは当たり前だった。「試合が終わっても背中とかに刺さった凶器は取り切れないんですね。なので蛍光灯の破片が落ちていたり、画鋲が私の足に刺さることは、しょっちゅうでした」

それがデスマッチのカリスマを夫に持つ三知代の日常だった。

「まさか、こんな生活が当たり前になるとは……私も思ってもみなかったです」と笑いながら明かした三知代は、プロレスと出会った自らの過去を語り始めた。

長野県木曽郡で生まれた高田三知代がプロレスと出会ったのは中学三年の時だった。きっかけは、新日本プロレスのファンだった六歳上の姉・美保から長野市で行われる新日本の興行を「一緒に見に行こう」と誘われたことだった。

一九九二年一月三一日、木曽郡の自宅から姉が運転する車で高速道路で三時間かけ会場の長野市運動公園総合体育館に到着した。当時の新日本は、橋本真也、武藤敬司、蝶野正洋の「闘魂三銃士」が台頭してきたころで、初めて生で見たプロレスに三知代は「出てくる人がみんなすごくて、ただただすごいって興奮しました。今までの自分の生活で人が目の前で闘うってないじゃないですか。そんな非日常的な空間とレスラーのカッコよさに感動しました」と心を奪われ、「将来、プロレスラーと結婚する」と胸に秘めた。中でも一目惚れしたのが「とにかくカッコよかった」と魅了された武藤だった。たった一日でプロレスのとりこになった少女は、高校へ進むと新日本プロレスが生活の中心となる。

「長野県内で新日本の試合があれば、姉と一緒に全部見に行きました。長野、佐久、上田……と長野は広いので、泊まり込みで見に行きましたし、学校をズル休みしたことも何回もありました」

長野県のすべての会場を姉妹で観戦した二人は、やがて選手の間でも知られる存在になった。そして高校を卒業し駒ヶ根市の「中央アルプス観光株式会社」に就職したが、この会社を志望した理由もプロレスだった。

「そのころ、駒ヶ根は一年に一回必ず新日本が試合に来ていたので、そこで働けば泊まり込みで見に行かなくていいので、プロレスを最優先に考えて就職先を決めました」

ただ、興味があった団体は新日本だけで他の団体には関心はなかった。

「専門誌を買っても、他の団体のページはパラパラってめくるぐらいで、FMWで大仁田(厚)さんがデスマッチをやっていた写真を見ても『痛そうなことをしているな』って思うぐらいでした」

新日本プロレスに熱中したOL生活が五年目を迎えた九九年、あるレスラーと出会う。それが、葛西純だった。

葛西は、一九七四年九月九日、北海道帯広で生まれた。小学生の時に地元で全日本プロレスを観戦した時、ブルーザー・ブロディを見てプロレスラーへの夢を抱いた。中学、高校で柔道部に所属し体を鍛え、高校卒業後に上京し警備会社へ就職した。プロレスラーへの思いが消えようとした時に雑誌で見た性病特集に衝撃を受けた。風俗で遊んでいた自分がHIV感染をチェックする項目にすべて当てはまっていたのだ。病院で検査したところ幸い陰性だったが一時的に「死」を意識したことで「人生一度だけだから、やりたいことをやろう」と決意し、大日本プロレスの入団テストを受け一九九八年に二三歳で練習生となった。

デビュー戦は同じ年の八月二三日、大阪・鶴見緑地花博広場だった。身長一七三センチ、体重も九〇キロに満たない小柄だったが、受け身のうまさと機転が利く抜群のプロレスセンスで頭角を表し、デビュー二年目の九九年一〇月一七日、後楽園ホールでジ・ウィンガーと組んで松永光弘、山川竜司と対戦したデスマッチで凶器攻撃を真っ向から受け止めるファイトで一躍脚光を浴び、デスマッチ路線を掲げる大日本で将来を期待される存在となった。

三知代が葛西と出会ったのは、出世試合となった後楽園から一か月後の一一月一六日だった。この日、長野市運動公園総合体育館で行われた「格闘探偵団バトラーツ」の興行を姉の美保と観戦した。初めて新日本以外となる団体の観戦は、知人から切符を買えば、試合後に選手が参加する打ち上げの食事会への出席を許可されたことが理由だった。

「打ち上げに行けばレスラーと仲良くなれるかもしれないと思ったので、打ち上げ目当てで見に行きました」

プロレスラーと結婚したかった三知代にとって、新日本以外の選手でもかまわないからレスラーと近づける貴重なチャンスを逃したくなかった。試合後、指定された長野市内の飲食店に入ると、二十人ほどのファンと「バトラーツ」のレスラーが数名参加していた。その中に大日本の葛西がいた。

当時、バトラーツは大日本と友好関係を結んでおり、所属する若手選手だったアーバン・ケンがケガで欠場したため、大日本へ穴を埋める選手の派遣を要請し、指名されたのが葛西だった。この日、葛西が長野にいたのはまったくの偶然だった。

「同棲してくれないなら別れる」

三知代と姉の美保のテーブルに金髪で丸刈り姿の葛西が同席した。「葛西純」というレスラーの名前も知識もなかった三知代は、初対面の印象を「金髪で坊主で前歯もないし、黙っていたらおっかなくてかかわってはいけないと思いました」と語った。食事をしながら他のレスラーと話していると姉から「この人、見た目は怖いけどいい人だよ。しゃべってみな」と耳打ちされて話し始めると、外見とはまるで違い、口調は穏やかで話はユーモアにあふれ、優しかった。好印象を持った三知代は、ツーショットの写真を撮った。

「その写真を彼が住んでいた大日本の道場に私の連絡先を書いて送ったんです。そしたら、すぐに電話がかかってきて興奮しました」
プロレスラーと結婚したかった三知代にとって葛西というよりも、プロレスラーから電話がかかってきたことが嬉しかった。年明けの二月に大日本が諏訪市の諏訪湖スポーツセンターで試合をするから「見に来ない？」と誘われ、二〇〇〇年二月二五日、三知代は葛西と再会するため諏訪湖スポーツセンターへ足を運んだ。

試合後、三か月ぶりに対面した二人は、会場近くの諏訪湖のほとりを手をつないで歩いた。念願のプロレスラーとの初デートは夢見心地だった。そして、葛西から「付き合おうか？」と告白され迷うことなく受け入れた。当時、三知代は結婚を意識した交際中の男性がいたが、職業は会社員だった。「プロレスラーと結婚したい」という理想をかなえるべく会社員をふって葛西へ乗り替えた。

「とにかくプロレスラーと付き合いたい、結婚したいというのが私の夢だったので、付き合っている人はいましたけど、そのままＯＫでした。正直言うと、あの時の私は彼じゃなくてもプロレスラーなら誰でもよかったかもしれません（笑）」

当時、葛西は、横浜市都筑区にある大日本の道場に他の若手選手と共に住んでいた。駒ヶ根で働く三知代とは遠距離恋愛で、距離を埋めるように毎日夜一〇時に電話をすることがお互いの約束だった。さらに三知代は、毎週のように葛西と会うために駒ヶ根から新宿行の高速バスでおよそ四時間をかけて上京した。

「仕事が夜九時に終わると一〇時の最終バスに乗って新宿へ行って、彼と会って翌朝の六時の始発バスで駒ヶ根に帰って、午後に出勤する感じで毎週、会っていました」

葛西も三知代と会うために横浜から新宿まで出て一夜を過ごし、午前中に道場での合同練習に参加するハードなスケジュールで愛を深めていた。初めは「プロレスラーなら誰でもいい」と思っていたが、付き合うと葛西の人柄に魅かれていく。

「見た目は金髪で前歯はなくてチャラい感じだったんですけど、付き合うと全然そんなことなくて真面目で優しい人でした。手紙もたくさん送ってくれて『大切にするよ。ずっと一緒にいようね』とか書いてくれて、すごく嬉しかったです」

葛西と付き合ってからは、あれほど好きだった武藤敬司も新日本も一切、見なくなった。

「新日本を見たら浮気になると思って、まったく見なくなりました。逆に彼の試合がカッコよくて面白いって思うようになりました。あとリングを降りた時は優しくて、そのギャップは私しか知らないことだったので、そこにまた感動していました」

ただ、ファンとしてプロレスを見ていた時は、リング上で繰り広げられる「非日常」の空間を楽しむだけだったが、「恋人」の試合は、楽しむだけでなく「ケガをしないで」と祈るようになった。付き合ってから間もないころの二〇〇〇年五月一一日、長野県箕輪町民体育館での興行を観戦した時、シャドウＷＸと組んだ葛西が対戦相手のザンディグ、ワイフビーターに二階の客席から放り投げられ、凶器の草刈り機で腹をえぐられた。凄惨なシーンを目の当たりにした試合後、控室から出てきた選手に「葛西選手はどうなったんですか？　あんな殺されるような試合をして大丈夫なんですか？」と号泣して無事を確認したこともあった。

「他の選手の試合はそんなことを思わないんですけど、彼のデスマッチは、見ていられないというか『もうやめて！』っていう感じで見ていました」

リングを見つめる視線が完全に変わり、葛西への思いが募った三知代は、会社を辞めて葛西が住む横浜へ引っ越して同棲することを決断する。それは恋人の人気が急上昇していたことも大きな理由だった。

九九年一〇月のデスマッチで脚光を浴びた葛西は、「ミスターデンジャー」の異名を持つ松永光弘と「ガラスデスマッチ」「ファイヤーデスマッチ」など過激な試合形式で闘い、メインイベンターに抜擢されていた。彼にスポットライトが当たることは三知代にとって大きな喜びだったが、同時に女性人気もアップし、心配の種でもあった。

「人気が出て嬉しかったんですけど、その反面、他の女の人に行っちゃうんじゃないかという心配がありました。それが同棲したいという考えにつながりました」

三知代からの申し出を葛西は一度は断った。まず、住んでいる場所が道場で横浜に来たとしても頻繁には会えないし、デビュー二年目だった当時の月給が六万円ほどで同居するには無理があったため、横浜に来ることを思いとどまるように説得したが、三知代は「だったら別れる」と通告した。

葛西にとって三知代は、初めて交際する一般女性だった。異性と真剣に付き合うことがこれほど楽しいと知った相手だけに別れるのは何よりも辛いことだった。三知代の言葉に葛西は「じゃあ来たらいいよ」と承諾し、三知代は高校を卒業してから五年勤めた会社を退社した。

葛西との交際は、母と姉には伝えていたが母からは「デスマッチをやって血を流すような人はやめた方がいい」と忠告されていた。父には交際は打ち明けていなかったが母を通じて付き合っていることは知っていた。でも父からは特に何かを言われることもなかった。会社を辞めて同棲を始めることを決めた時、交際を反対していた母、そして父も黙って見送ってくれた。

流血し、凶器に飛び込む夫

長野を離れた三知代は、神奈川県の相模原市内に広さ四畳、六畳のロフトが付いた家賃五万五千円のアパートを借りた。葛西も大日本の幹部から許しを得て道場での共同生活を離れ、相模原で同棲生活がスタートした。二〇〇〇年の初秋のことだった。

三知代は相模原市内の歯科医院で働きながら、夢だったプロレスラーとの生活に幸せを噛みしめた。同棲を始めてから葛西はリング上でさらに飛躍する。一〇月に外国人ヒール軍団「コンバット・ゾーン・レスリング（ＣＺＷ）」に加入し、トップレスラーの山川竜司、本間朋晃らと敵対するポジションを得て輝きを放った。

あれほどありとあらゆる凶器で傷つけられ血を流しているが、一緒に住むと葛西は思った以上に頑丈だったことが分かった。傷口からばい菌が入り高熱が出る「蜂窩《ほうか》織炎《しきえん》」に罹ったことはあったが大きな病気をすることもなく健康診断で「ちょっと貧血気味ですね」と言われる程度だった。買い物へ行くと「昨日は、いっぱい血を流したから今日はレバーを食いたい」とリクエストはあったが、同棲した当初は大きなケガもなく生活は進んでいった。

ただ、驚いたのは、葛西のギャランティーだった。当時の月給は、基本給の八万円に一試合ごとに支払われる試合給を合計した金額だった。試合給は、メインを張ってもキャリアによって算定され、デビュー三年目の葛西は一試合のギャラは五千円で毎月の給与は、およそ一五万円ほどだった。三知代が歯科医院で働く月八万円ほどのバイト代に葛西の一五万円の合計二三万円から税金、家賃の五万五千円を差し引いた一〇万円をわずかに超える金額が二人の生活費だった。

「一緒に暮らすようになって彼の給料を知って、あれだけ体を張って過酷なことをやっているのに、『こんなに安いの』ってビックリしました」

試合を終えて葛西が帰宅すると三知代には切ない役目があった。背中、腕、額……デスマッチで体中に増えていく恋人の傷をアパートで消毒することだった。

「消毒しながら、口には出せませんでしたけど『なんでこんなことやっているんだろう……』って思いながら手当をしていました」

しかしある日、三知代は、心の中にためこんでいた「なんでここまでしないといけないの？」という思いをぶつけてしまった。すると葛西はこう返答した。

「こんなもんじゃ、まだ足りないんだよ。もっともっと過激なことをやらなくちゃいけないんだよ」

葛西にとって、デスマッチこそが浮き沈みが激しいプロレス界で生き残る術だった。観客が考えつかないような試合形式、ファンの想像を超えた受け身こそが他のレスラーができない最大の武器だった。背中には数えだすと途方に暮れるほどの傷が刻まれていったが、すべてはプロレスラーとして生きるための代償だった。

三知代は恋人の覚悟に言い返すことができなかった。それは、何よりも自分自身が「葛西純」の最大のファンであり、デスマッチで会場を興奮の坩《る》堝《つぼ》へ変貌させる彼が、自身の誇りでもあったからだ。

「会場へ行って、ファンの方が『葛西コール』をしてくださっているのを聞くと、『あぁよかったなぁ。すごいな』って思いますし、私の誇りだし、自慢です。特に入場の時にコールが起きると『あれは、私の恋人なの！』って叫びたくなるような優越感に浸る感じもありました。ただ……」

そこまで打ち明けると顔が曇った。

「矛盾しているんですけど、やっぱり試合は怖いんです。ケガをするんじゃないかっていつも心配で不安です。でも、私たちが生活するためには、彼があそこまでやらないといけないことも分かっていますし……この矛盾の答えは今も見つかりません」

三知代は葛藤を抱えながら結婚したい意思を葛西に伝えた。

「最初から付き合うなら結婚するつもりでしたし、もう付き合って二年ぐらい経っていたので、私の方から『結婚しよう』と言いました。それで脅しじゃないけど『結婚してくれなかったら長野へ帰る』って言いました」

熱烈な逆プロポーズを葛西は受け入れ、二〇〇一年六月二九日、三知代の二五歳の誕生日に結婚した。結婚式と披露宴は、資金不足で挙げることはできなかった。それでも、中学の時に夢見た「プロレスラーとの結婚」を叶え、最高に幸せだった。そして、妻として夫のデスマッチへかける思いを理解し夫を信頼した。

「ケガが心配なことは変わりませんけど、『もうやめて』とかは言わなくなりました。それよりも、彼にとってデスマッチが生きる術で好きでやっているなら『やりたくないことをやるより好きなことをやった方がいいんじゃないかな』って思えるようになりました。それと彼の試合をずっと見続けていると、どんなに危険な試合でも立ち上がっていく姿に『葛西純なら大丈夫。これぐらいで死ぬようなレスラーじゃない』って信じることができるようになっていきました」

日々、流血し、凶器へ飛び込む夫を見ているうちに「好きなことを思う存分やって欲しい」という思いは強まり、彼のプロレスラーとしての「強さ」も改めて感じていた。何よりもデスマッチが夫婦の生活を支える糧になっているという現実があった。それを三知代は「慣れですかね」と笑った。

夫と同じように妻としてデスマッチが日常となったころ、夫婦にまさかの事態が起きる。所属する大日本が二〇〇一年一二月二日に横浜アリーナで行ったビッグマッチで観客動員が不振に終わり多額の借金を背負う結果となり、選手へのギャラが遅延、最終的には支払いが滞った。このころ「赤まむし」というヒールユニットを結成し暴れ回っていた葛西だったが実際は無給でリングに上がることを余儀なくされていた。

結婚してわずか半年での思わぬ困窮を救ってくれたのが、三知代の故郷の木曽郡に住む祖母・久枝だった。

「ある時、おばあちゃんに電話をかけて『何か欲しいものはない？』と聞くと『養命酒を買ってきてくれ』って頼まれたんです。それで実家に養命酒を持って帰ると『よく買ってきてくれたね。ありがとう』って封筒を渡されたんです。そしたら、その中に三〇万円ぐらい入っていたんです」

「ZERO-ONE」から再び「大日本」へ

祖母が自分たちの暮らしが苦しかったことを知っていたかどうかは今も分からない。ただ、お金をもらうことを断った時に祖母は「自分がお金を持っていてもしょうがないから、持っていっていいんだよ」と言ってくれたという。それからは、祖母の言葉に甘えて、お金がなくなると養命酒を持って木曽へ帰省し苦境をしのいだ。ただ当時、この「養命酒」について夫には話していなかった。葛西が「養命酒」の秘密を聞いたのは、二〇一一年一一月に久枝が九六歳で亡くなった後だった。それまで三知代はこの話を黙っていた。

「彼は、私が独身時代に貯めた貯金を切り崩してくれて生活費を補ってくれていたと思っていたみたいでした。あの時彼が私のおばあちゃんから生活を援助してもらっているみたいな話を聞いたら、彼は私に対して、申し訳ないというか罪悪感みたいなものを持ってしまって、その精神的負担がプロレスにも影響するんじゃないかと思って言いませんでした。彼には何も考えずにただ好きなプロレスを思う存分にやって欲しかったんです」

　ギャラ無給が続いた二〇〇二年夏、大きな転機が訪れる。左膝を負傷し欠場に追い込まれていたこの時、葛西は、橋本真也が率いる「プロレスリングＺＥＲＯ－ＯＮＥ」から移籍のオファーを受けた。「ＺＥＲＯ－ＯＮＥ」は、新日本プロレスで「破壊王」の異名をとるトップ選手だった橋本が新日本を解雇され二〇〇一年三月に旗揚げした団体で、大日本よりも高額な試合給を約束するなど、好条件を提示してくれた。夫から相談を受けた三知代は「生活できそうな額を提示していただいたので、移籍した方が生活も安定するからいいんじゃない」と背中を押し、葛西も生活のためにＺＥＲＯ－ＯＮＥへの移籍を決断した。

新天地へ移る八月を前に住まいも相模原市内のアパートから今も住む横浜市内の県営団地へ引っ越した。給料がない状況は解消されギャラもアップし生活に余裕が出てきた。二〇〇四年一月二日には待望の長男が誕生した。私生活は充実し、大日本時代のようにお金に悩むことも少なくなった。

ただ、肝心のリングが満たされなかった。デスマッチで血を流しメインイベンターとしてスポットライトを浴びていた大日本とＺＥＲＯ－ＯＮＥでは扱いがまったく違ったのだ。橋本を筆頭に新日本プロレス出身のレスラーがメインイベンターを務めていたＺＥＲＯ－ＯＮＥでは、試合は正統派スタイルでデスマッチは基本的にはやらなかった。自らが輝く場所だったデスマッチを奪われた葛西に与えられた役割は前座試合で猿のキャラクターを演じ、バナナをむさぼるように食べて客席を笑わせ、試合開始間もない会場を温める仕事だった。さらに、移籍する時の話し合いでは言われていなかった橋本の付け人を務めることも命じられた。三知代は、次第に自宅で夫が悩む姿を見ることが増えた。

「ＺＥＲＯ－ＯＮＥ時代は、バナナを食べてお客さんを笑わせて、最初のうちは、それはそれで楽しんでいるのかな？　って思っていたんですけど、だんだん家でも元気がなくなって覇気が失われていきました」

家族を養うために決めた移籍だったが、不本意な試合の連続に、葛西は三知代へ「こんなんで、いいのかな？」と漏らすようになった。夫の葛藤を目の当たりにした時、妻として心は揺らぎ始める。長男が生まれたばかりで生活はこのまま安定して欲しい。でも、輝きを失った夫を見るのは辛かった。

「ＺＥＲＯ－ＯＮＥへ行って生活も安定しましたし、デスマッチもなくなって、もう大きいケガもいっぱい傷を作って帰ることもなくなって安心感はありました。ただ、あれだけ輝いていた彼がだんだん元気がなくなっていく姿を見て、私の中で『やっぱりデスマッチが好きなのかな？』と思うようになっていきました」

悶々とした日々が続いていた二〇〇四年一二月一八日、葛西に決断の時が来る。

この日、葛西は三知代と自宅で、ＣＳテレビで生中継された大日本の横浜文化体育館の試合を見ていた。メインイベントで伊東竜二が自らが保持するＢＪＷ認定デスマッチヘビー級選手権をかけ「10アイテムス・デスマッチ」でＢＡＤＢＯＹ非道と対戦した。

葛西にとって入門で二か月後輩の伊東は九九年四月二九日にツインメッセ静岡でデビュー戦の相手を務めたいわば同期だった。以来、前座試合で二歳下の後輩と対戦を重ねてきたが葛西がデスマッチでブレイクしメインイベンターとなってからは、両者の差は広がっていた。しかし、葛西が退団後、その穴を埋めるようにデスマッチ戦線に名乗りを上げ、メインイベンターとしてファンの支持を獲得するまでに成長していた。

テレビに映る伊東を見た葛西は「オレが大日本にいたころは、体もヒョロヒョロで、うだつの上がらない若手だったのに今、こんなことやってるって、すごいな」とつぶやいた。その言葉を聞いた三知代は「伊東さんのことがうらやましいのかな」と思った。

試合は、伊東が非道を破りベルトを防衛した。思いも寄らないメッセージは試合後に飛び出した。インタビューで大流血の伊東が「誰も挑戦してこないんだったら、今、ZERO-ONEにいる葛西純を指名する」と突然、挑戦を呼び掛けたのだ。

この発言は伊東の完全なアドリブでフライングだった。誰よりも一番ビックリしたのが葛西自身だった。伊東の言葉に「えぇ！」と驚きを露にすると、三知代も「今、『葛西純』って言ったよね。言っちゃっていいの？」と尋ねた。妻からの問いに絶句した葛西だったが、伊東のメッセージを聞いた瞬間、すべてが吹っ切れた。

葛西は言う。

「あの伊東の言葉ですぐに決心しました。やっぱりオレがやりたいことは、あのデスマッチなんだと。心の中に火がつきました。一瞬でZERO-ONEを辞めることを決めました」

ただ、決断はその場では妻には伝えなかった。時間をかけて「これからの家族の生活」と「自分のやりたいこと」を何度も自問自答した。そして数日後、三知代にZERO－ONEを退団する意思を告げた。テレビで伊東からのメッセージを聞いた時、夫の目が輝き心が動いていたことを感じていた三知代は、その思いを受け止めた。

「やりたいことをやればいいじゃん」

妻の即答を今も葛西は、感謝している。

「あの時、止められていたら、辞めないであのままZERO－ONEに残ったと思います。自分の考えを受け入れてくれたことは今も本当に感謝していますよね」

自分を安売りしない

葛西は、家族の生活を犠牲にしても、自らが最も光る場所を求めた。それは夫や父よりもプロレスラーとして生き抜く覚悟を固めた決断だった。そして、三知代は、リングで躍動する夫を支えたかった。葛西純が「プロレスラー」なら葛西三知代は「プロレスラーの妻」だった。

退団の申し出をZERO－ONEは快く受理してくれた。そして、大日本側も一度は退団したレスラーの復帰だったが「葛西純」の看板は興行のテコ入れに不可欠と感じて参戦を許可してくれた。ただ、当時、「アパッチプロレス軍」を率いて大日本に参戦していた公私ともに信頼する金村キンタローに復帰を相談したところ、ストレートに戻るよりも「アパッチ軍」を通じて参戦した方がいいとアドバイスされ、二〇〇五年二月、「アパッチ軍」所属という形で、葛西は大日本マットへ二年六か月ぶりに復帰を果たした。

古巣へ戻った葛西は、伊東への挑戦をターゲットに再びデスマッチで輝きを取り戻す。六月八日には横浜文体で沼澤邪鬼との「有刺鉄線ボード＆カミソリ十字架ボード＋αデスマッチ」で圧倒的な存在感を見せた。

伊東戦へドラマが進んでいた時、またも信じられないアクシデントが二人を襲う。今度は、ケガでもお金でもなく病気だった。

一〇月、自宅で激しい腹痛に襲われた葛西は、病院へ駆け込むとレントゲン、ＭＲＩなどの検査を受け、小腸に腫瘍ができていることが判明した。同時に腸閉塞と腸重積も併発し虫垂も腫れていると診断され、緊急入院した。最悪の場合、腫瘍はがんの可能性があると医師から告げられた時、三知代は号泣した。

「これからどうなるんだろう？　って目の前が真っ暗になりました。大腸に腫瘍ができることはよく聞きますけど、小腸はまれなので、最悪のことも考えました」

当時、葛西は三一歳。子どもは一歳九か月だった。将来が考えられなくなるほどの不安を抱えながらの手術で取り除いた腫瘍は、幸い悪性ではなかった。そのまま二週間入院し、何事もなく退院したが試合ができる体調ではなく、長期欠場を強いられた。

一試合ごとの試合給がギャラの大日本は、リングに上がらなければ報酬は得られない。再び生活が苦しくなった時に、金村キンタローが一一月二三日に「葛西純救済興行」と題した興行を開催してくれ、収益を治療費として援助してくれた。

「金村さんが、救済興行をやってくださり、それで治療費を支払うことができて本当にありがたかったです。私も仕事をしていましたが、生活費が足りなくて、手術する前に中古車でステップワゴンを一二〇万円で買っていたんですけど、それをすぐに売りました。思ったよりも高く引き取ってくれて七〇万円で売れて、何とか生活費に充《あ》てていました」

退院した葛西は、家族のためにアルバイトをすることを決める。当時、三知代がホテルに卸すアメニティ関連の仕事をしていたことから、川崎市内でホテルの清掃を紹介された。人目につかないよう深夜から早朝にホテルの清掃で働いた。時給は千円で毎月七万から一〇万円を家族のために稼いだ。葛西は当時をこう振り返る。

「自分が試合できなくなって買ったばかりの中古車をすぐに売ることになった時に『あぁ情けないなぁ』って。妻に『申し訳ないな』って思ったんですよね。だから、欠場してた時に家でボォーとしていても家族のためにならないから妻に『家にいるのもなんだし働きたいんだ』って自分から言ったんです」

二〇〇六年三月にはリングへ復帰したが、今度は、伊東がこの年の九月一〇日の横浜文体での試合で両腕に骨折などの大けがを負い欠場に追い込まれた。伊東は翌〇七年三月に復帰し、両者の試合が実現へと動き始めたが、次は葛西の両膝が悲鳴を上げた。

葛西は、トップロープで「シュワッチ」の掛け声と共にゴーグルをはめ、敬礼ポーズから「シェー！」の雄たけびを上げながら倒れた相手目掛けてボディプレスする「パールハーバー・スプラッシュ」が必殺技だった。加えて、ビッグマッチでは例えば後楽園ホールなら高さ六メートルはある二階バルコニーからダイブする「バルコニーダイブ」を繰り出していた。いずれも着地した時に両膝をモロにマット、床に打ち付け、膝への負担は尋常ではなかった。ダメージの蓄積で二〇〇七年一一月に左膝の半月板を摘出する手術を受け、二〇〇八年六月までリングから離れた。さらに二〇〇九年三月には右膝の半月板損傷と前十字靭帯を断裂し二か月間、休むことになる。

病気と互いのケガで交わることのできない葛西と伊東だったが、一方で立て続けに長期欠場したことで、生活のためホテルの清掃を辞めることはできなかった。この時の三知代は、複雑な心境だった。

「彼は、やっぱりプロじゃないですか。そんな人にバイトをさせるなんて……と思いました。でも、生活もありましたから……。正直、申し訳ない思いでいっぱいでした」

欠場が続き、試合数が減った時、三知代は「他の団体にもっと出たら？」と勧めたこともあった。しかし、葛西は、妻の言葉に首を振り、様々な団体へ自らを売り込むことはしなかった。

葛西純にはデスマッチこそが生きる力

「この世界は、オファーをもらってリングに上がらないとダメなんです。自分から団体へ『出させてください』って言うと、その時はいいんですけど、長い目で見たら足元を見られて自分の価値を下げることになるんで、だったら声がかかるまで掃除の仕事をして、プロレスとは距離を置いてもいいと思っていました。あの時に自分を安売りして、価値が崩れていたら今の自分はないと思っています」

たとえオファーが途絶え、上がる団体がなくなっても、葛西は自らを「売る」ことはしなかった。一度でもやってしまえば、デスマッチで生き抜き、汗と血で築いた自らのキャリアと価値を貶《おとし》めることになり、それはこれまで歩んできた人生を自分の手で否定することと同じだった。「葛西純」の看板を安売りするぐらいなら、ホテルの清掃など苦でも何でもなかった。

年間最高試合に選ばれる

三知代は、夫の真意を聞いた時、黙ってうなずくしかなかった。今、当時を振り返って、夕方になると息子と自分を残し一人、ホテルへ向かう夫の背中を思い出したのだろうか。三知代の目が潤んだ。

「オファーを受けてリングに上がるっていうポリシーは、プロレスラーとしてのプライドだと思いました。そこが、彼のカッコよさなんです。私が好きになった葛西純は、やっぱりカッコイイって思いました」

様々な紆余曲折を経て、ついに葛西と伊東の一騎打ちが実現した。二〇〇九年一一月二〇日、後楽園ホール、カミソリ十字架ボード＋αデスマッチ三〇分一本勝負で、両者はリングで対峙した。

当日、三知代は、五歳になった息子を連れてホールで観戦した。座席は南側の最後列だった。

「結婚してからは、前の方では見なくなりました。私が葛西純の嫁だって知っている方は知っていますし、関係者が前で見るのもおかしいので、どんどん後ろに下がって見るようになっていました」

二〇〇四年一二月に伊東がテレビカメラに向かって対戦を呼び掛けてから五年もの時間を経た対決に客席は超満員札止めに膨れ上がり、試合前から異様な熱気がリングを包んでいた。

「試合前から盛り上がりが違ったので、これはただの試合じゃないって思いました」

心臓の鼓動が聞こえるほどの興奮を三知代は感じていたが、葛西は妻にも伝えなかった胸に秘めた覚悟を固めて会場に入った。

「勝っても負けても試合が終わったらリング上で『今日で引退します』って言おうと思っていました。もう膝もボロボロでしたし、夜中にアルバイトして朝、家に帰ってちょっと寝て試合するっていう日々が続いていて、そういう生活ばっかりしていたらプロレスが中途半端になってしまうと思ってたので、伊東との試合が実現したし思い残すことはないと思って、辞めるつもりで会場に行きました」

自らが決めた引退試合のゴングが鳴ると、葛西は、今日までの集大成であるかのように思う存分、受け身を取り、血を流し、蛍光灯、画鋲、カミソリ十字架ボード、サボテン、パイプ椅子……あらゆる凶器へ飛び込んだ。

二人の一挙手一投足、すべてに観客が喚声と悲鳴を上げた試合のクライマックスがやってくる。場外で伊東をテーブル上に寝かせビニールテープでぐるぐる巻きにすると、葛西は、ホールのバルコニーへ向かった。興奮の坩堝となった会場で三知代は一人呆然となった。

「膝をケガしていましたから、ずっと前から『もうあんな高いところから飛ぶのだけはやめて』って言っていたんです。それなのに、バルコニーへ行った時は『あぁ、飛んじゃうんだ……』って真っ白になりました」

バルコニーの手すりに立った葛西は、一瞬、足元がふらついたが、六メートル下の伊東めがけてダイブした。耳をつんざく喚声と足を踏み鳴らす音が重なり、観客の興奮でホールがまるで爆発したかのようになった時、三知代は冷静だった。

「飛んだあとは『動くかな?』って心配だけでした。でも、すぐに立ち上がったんで『歩ける、歩ける』って安心しました」

瞬く間に時間は過ぎ、制限時間の三〇分まで残り三〇秒を切った時、葛西がカミソリボードの上にサボテンを置きリバースのタイガードライバーで伊東を沈めた。

時間切れまで残り一五秒、二九分四五秒で決着する劇的な死闘を終えた直後、リング上で夫は、「年内で引退も考えてきたけどよ」と心に秘めていた思いを打ち明けたが「この両膝、ぶっ壊れるまでやってやるよ」とプロレスを続けることを宣言した。この時、初めて引退を考えていたことを知った三知代は「そんなこと思っていたんだ」とファンと同じように驚いた。

試合前には引退を決めていた葛西だったが、リング上で何をやってもファンがヒートする熱気に包まれ「こんな楽しいことを辞めたらオレの人生これからどうなっちゃうんだ。辞めたら廃人になっちゃうよ。それでいいのか?」と問いかけ続けた。そして、内心決めていた「引退」を撤回した。試合を終えた夫と会った時、三知代は引退のことは聞かなかった。横浜の自宅へ帰るまで、夫はリング上の興奮そのままにしゃべり続けた。三知代にとって、その姿が嬉しく、誇らしく「やっぱりプロレスラーなんだ」と改めて実感した。

この試合は東京スポーツ制定「プロレス大賞」で年間最高試合賞に選ばれた。新日本や全日本などのメジャー団体以外での受賞は極めて異例だった。

「あの試合は、彼の中でも今もずっと残っている試合ですし、ファンの方も伝説っておっしゃっていただいているので、私にとっても誇りです」

以来、ファンは葛西を敬意を込めて「デスマッチのカリスマ」と呼んだ。

葛西が「プロレス」と「家族」への思いを打ち明けた。

「リングに上がれば子どもも妻の顔も全部とびます。とにかく自分がやりたいこと、お客さんが興奮することをやろうと思ってます。ただ、家族の存在は、試合に挑むまでの過程で力になっています。頑張っていい試合することで評価が上がるし、ギャラも上がるしグッズも売れるしイコール生活も豊かになる。だから頑張ろうとなりますよね。結婚した当初はお金で苦労させることが多かったので、今はそういう思いはさせたくないし自分もしたくないんでそういう意味で力になっています。自分一人だけだったらそう思ってない。その日暮らしでちょっと贅沢して生活できていればいいやって思っていたでしょうし。でも今は妻も子どももいるからそうはいかない。将来のために貯蓄もしなきゃいけないし、頑張ろうという気持ちになります」

生きるためにデスマッチに挑む夫

葛西は今、二〇〇九年八月に「アパッチ軍」で仲間だった佐々木貴が設立した「プロレスリングFREEDOMS」に所属しデスマッチで闘っている。新しい団体に移ってからは自らが出場するデスマッチで使う蛍光灯以外のアイテムは、葛西が調達している。大量の画鋲は、文房具や事務用品の購入サイト「アスクル」で注文し、カミソリやのこぎり、竹串を貼り付けるボードは、ホームセンターで自ら材料を購入し自宅で制作、三知代も手伝っている。

「彼が『アイテムを買いにホームセンターへ行こう』っていうと『行こう！　行こう！』ってちょっとしたデートみたいなノリで買いに行っています（笑）。凶器を作るのは、テンションが上がります（笑）。ただ、カミソリをボードに貼り付けながら『彼がここに落ちないように』とは祈っています」

付き合い始めた時は凶器の餌食になった彼を見て号泣し、同棲してからは「なんでこんなことやっているんだろう」と心配した女性が、月日を経て凶器を作るのが楽しみになるまでに様変わりした。

「今でも危険なことはして欲しくないんです。だけど、デスマッチで生活が成り立っているのが私たち家族の形なので、そこは生活していく上でどちらかをあきらめるしかないという感じなんです」

「デスマッチのカリスマ」とファンから尊敬され、二〇〇九年に「ＦＲＥＥＤＯＭＳ」に定着してからはギャラも安定し、グッズも売れるようになった。結果、深夜に四年間も働いたアルバイトを辞めリングに専念することができた。二〇〇一年六月の結婚から八年が過ぎ、ようやく貯金も積み立て始め、生活に余裕が出てきた二人は、もう一人子どもを望むようになった。

　子どもは夫婦にとって生きる希望だった。葛西は、息子が小学生の時には学校で絵本の読み聞かせを行い、小中学と授業参観から運動会、学芸会まですべて出席してきた。息子が欲しいものは、無理をしてでも買ってしまい三知代が呆れることはしょっちゅうだった。三知代も息子が二歳になったころから試合会場に連れていき、父がリングで闘う姿を見せてきた。

「息子には、スーツを着て満員電車に乗る父というイメージはなくて、父親がリング上で血を流してる姿が普通なんですね。最近は『自分もプロレスラーになりたい』って言ってますけど『お父さんみたいなことはできない。あそこまでやれるのはすごい』って尊敬しています」

長男は結婚して三年目の二〇〇四年一月に自然に妊娠し出産したが、二人目は、願い通りにはいかず不妊治療を受けた。人工授精を二〇一〇年から五年間で六回ほど試みたがいずれもうまくいかず「これで最後」と決めた七度目の挑戦で二〇一六年の年末に待望の妊娠をしたことが分かり、二〇一七年八月三〇日に第二子となる長女が生まれた。長男の出産から一三年後の人工授精での出産に葛西は、ストレートな思いを明かした。

「凶器を作るのはテンションが上がる」と語った三知代

「結婚した当初は夜も元気でしたけど、リング上であれだけ好きに発散してきたんで、時が経つにつれ、夜の生活は家に帰ったら枯れ果てた感じになっていました。実際、不妊治療の時には医師から『精子の運動量が弱いですね』って言われました。長男の時は自然に妊娠したんで、デスマッチを積み重ねたことで思った以上に精神的にも肉体的にも自分を酷使していたのかもしれません」

家族が四人になった今、三知代の夢を尋ねると「マイホームです」と微笑んだ。あの伊東戦から一〇年をかけて貯金し、ようやく買えるメドがつき、現在住んでいる団地の近くのマンションや一戸建てのモデルルームの見学を始めた。

葛西は、マイホーム以外にも夫としてやり残したことがあると考えていた。それは結婚式だった。

「自分が考えているのは、息子が今、一六歳なんで、例えば二二歳ぐらいで結婚すると想定した時に一緒に結婚式をやるのが夢なんです（笑）。息子たちのおまけ的で余興みたいな感じでいいので、我々もタキシード着て、ウエディングドレスを着て息子たちの式に出席したら笑いがとれるかな？　って考えているんですよ（笑）」

三知代は、夫が打ち明けた子どもとの合同結婚式プランに「初めて聞きましたけど、嬉しいです」と笑った。そして、こう続けた。

「なら、頑張って生きてもらわないと……」

マイホームと結婚式を思い描いた穏やかな笑みが一転して沈んだ。二〇一九年九月、首の痛みを訴え病院で検査を受けた葛西は、頸椎の椎間板ヘルニアと診断された。他にも腰椎の椎間板ヘルニアと坐骨神経痛を抱えていた。医師からは頸椎について「リング上で何かのタイミングで変な落ち方をしたら命を落としてしまいます」と宣告された。

　診断結果を一緒に聞いた三知代は、四五歳になった夫がこれからリングに上がることは「死」が現実になることだと認識した。

「今までは、『やめたら?』と言ったことはありましたけど、『やめてくれ』と言ったことはありませんでした。でも、あの時、お医者さんからああ言われてからずっと怖いんです。だから、今は『もういいんじゃない』って言っています。家族もいて彼一人の体じゃないですし、娘はまだ二歳になったばかりですし……。今、ここで最悪の事態が起きたら私たちはどうやって生きていけばいいのか……」

　医師の診断を受けた葛西は、ケガを公表し一二月二五日の後楽園ホールでの試合を最後に長期欠場することを発表した。試合は、あの伊東竜二とタッグを組み、対戦相手はミエド・エクストレモとシクロペ。一〇年前にベストバウトを取った時と同じ「カミソリ十字架ボード＋αデスマッチ」で対戦し、敗れ去った。

　リングを無言で降りた葛西はバックステージで「今日で終わりじゃねえ。今日が始まりだ」と言い残し控室へ消えた。

　かつて葛西はデスマッチについて「死ぬ気でリングに上がる」と言ったレスラーの発言

を全面否定し「デスマッチは生きるために闘うんだよ。死ぬために上がるんじゃねぇよ」と吠えた。葛西純は「生きるために」デスマッチへ挑んだ。果敢に挑むファイトは、観客へ生きることの素晴らしさを伝えていた。

しかし、妻の「やめて」という訴えにはこう答えた。

「やり続けるしかないですよね。プロレスやめて何ができるかっていったら何もないですし、とにかく今はプロレスでお金を稼ぐしかできないんで。最悪の事態が起きたら起きたで、妻は精神的に頑丈なんで、なるようになると思っています」

三知代には言わなかったが、休んだ次の日以降、医師からどんな宣告を受けようと「いつ復帰するかということしか考えていなかった」と打ち明けた。「今日が始まりだ」と言い切ったように、しばしの欠場は再びリングへ戻るための休息だった。休養が奏功し、「死」をも宣告した医師から、復帰への承諾を得た。

そして令和二年六月一〇日、葛西は新木場１ｓｔＲＩＮＧで再び闘いの場に戻った。復帰に至る過程で、新型コロナウイルスの感染拡大という思ってもいない事態が起こった。政府は三月下旬に感染拡大防止でイベントの自粛を要請し、四月七日には緊急事態宣言を発し、あらゆるスポーツ、イベントは、観客を入れた「興行」の形としてはすべて中止となった。

所属する「ＦＲＥＥＤＯＭＳ」も三月下旬から予定していたすべての興行がキャンセルとなり、当初、葛西は四月に米国で復帰戦を予定していたが、すべて白紙となった。五月二五日に緊急事態宣言が解除され、「ＦＲＥＥＤＯＭＳ」は、すべてのプロレス団体の先陣を切って、六月一〇日に新木場での興行再開を決定し、同時に葛西も一六八日ぶりの復帰となった。

試合は、竹田誠志、正岡大介と組んで佐々木貴、杉浦透、ビオレント・ジャックと蛍光灯デスマッチで対戦し、正岡が杉浦にフォールを奪われた。だが葛西は、「自分が生きる場所は、やっぱりここだ」と実感した。

そして「今まで通りの葛西純を見せる」とデスマッチで生き抜く覚悟を吐露した。たとえ医師から「死」を宣告されようと、葛西にとって生きる場所はリングしかなかった。観客の想像を遥かに超える領域で肉体を傷つけ、血を流し、受け身を取る。代償はとてつもなく大きい。だが、それ以上にリングで浴びる歓声が忘れられない。スポットライトを浴びている時こそ「生きている」実感を味わえる。

プロレスラーだけが知るこの「快感」は、妻の三知代が入れない聖域だった。葛西が長期欠場から復帰したことで、三知代は再び葛藤の迷路をさまよっている。

「本人は、プロレスを続けると言っていますが、デスマッチっていうあの試合内容ですから、正直、不安はあります。じゃあ引退して欲しいかというと、彼は引退したら『きっぱりプロレス界とは一線を引いて別の仕事をする』って言っているんですが、好きなプロレスをやめて同じぐらい好きな仕事が見つかるかと言えば、難しいと思っています。彼がこの先も少しでも長く好きなことをできるためには、どうすればいいか、私も考えているんです」

血で貼りついた夫のTシャツをはがす日々が、また戻ってくる。少し前なら愛おしかった、葛西を支える妻としての仕事が、今後も長く続くように祈りながら、でも一方で怖く感じてもいる。

第5章

藤波辰爾の妻・伽織

——妻だけがプロレスラーを分かってあげられる

文=福留崇広

藤波辰爾　ふじなみ・たつみ

一九五三年一二月二八日、大分県東国東郡（現・国東市）生まれ。七〇年日本プロレス入門。翌年五月九日にデビュー。七二年一月、アントニオ猪木が設立した新日本プロレスに参加。同年三月六日、大田区体育館での旗揚げ戦で第一試合に出場。七八年一月二三日にＭＳＧでＷＷＷＦジュニア王座を獲得。以後、新日本の看板選手として活躍。九九年六月、新日本の社長に就任。二〇〇六年六月に新日本を退社し現在自ら主宰する「ドラディション」を中心にリングに上がり続けている。身長一八三センチ、体重百五キロ。

藤波伽織　ふじなみ・かおり

一九五三年九月一四日、大阪府堺市生まれ。帝塚山短大へ入学した一八歳からモデルとして活動。八一年一二月に藤波辰巳と結婚する。八六年一一月に長女、九三年七月に長男を出産。現在、自らがプロデュースする食品ブランド「藤波家の食卓」を展開し、百貨店などでの販売等、精力的に活動している。

長州力との遺恨劇以来、うちで話さなくなった

昭和五七年一〇月八日金曜夜八時、藤波かおりは、東京・青山の自宅でテレビ朝日が生中継する夫・辰巳の試合を録画していた。

毎週金曜夜八時に放送されていた新日本プロレス中継「ワールドプロレスリング」を録ることは、夫から頼まれていた、いわばかおりの仕事だった。この日、藤波は後楽園ホールからの生中継でアントニオ猪木、長州力とのタッグでアブドーラ・ザ・ブッチャー、バッドニュース・アレン、Ｓ・Ｄ・ジョーンズとの試合が組まれていた。

メインイベントの入場シーンが画面に映り実況する古舘伊知郎アナウンサーの名調子、会場から聞こえるファンの歓声、リングアナウンサーが外国人組から始めるコール……ここまでは、いつもと同じ光景だった。

異変が起きたのは、リングアナが長州をコールした時だった。藤波より先に長州がコールされると雲行きが怪しくなった。

「あれ？　何かいつもと違うな……」

かおりは、画面を見ながら胸騒ぎを覚えた。ゴングが鳴ると、どちらが先に出るかを巡

って長州が夫へ食ってかかった。今度は藤波が長州へ張り手を浴びせ、試合そっちのけで二人はぶつかり合った。激しい仲間割れに、かおりは呆然となった。

「一体、何が起きたのかわけが分からなくて『どうしてこんなことが？』って頭の中が真っ白になりました。あの激しさは単純な仲間割れじゃなかったので、現実がよく理解できませんでした」

試合後も夫は長州と激しくいがみ合い、ホールが騒然となる中、八時五〇分過ぎに生中継は終わった。いつもなら一時間ほどで夫は帰ってくる。食事の支度をしながら、心は乱れていた。

「どうやって主人を迎えればいいのか、帰ってきた時に何を話すのか……色んなことを考えて悶々としていましたけど、まずは主人の話を聞くしかないと思って待っていました」

帰宅した藤波は、テレビに映し出された不穏なムードをそのまま背負って部屋に入ると、ほとんど口を開かなかった。

「普段は、帰ってくると『今日の試合どうだった？』とか私に聞くんです。だけど、あの日は何もしゃべりませんでした。あんな姿を見たのは、あの時が初めてでした」

夕食を共にしたテーブルは、ただただ重苦しい空気がのしかかった。

「一緒にいる空間がいたたまれなくて私が部屋から出ていきたくなりました。今、思い出しても本当に嫌な時間でした」
後に「オレはお前のかませ犬じゃない」という発言でプロレス史に残る、長州の藤波に対する反逆劇。試合後、かおりだけが「かみつかれた」夫の重苦しい現実を目の当たりにしていた。そして、この日が「名勝負数え唄」と評された藤波と長州のライバルストーリーの始まりだった

藤波が自宅でも露にした不快感とかおりの不安をよそに、新日本プロレスは、新たに生まれた二人の遺恨を興行の看板に据える。後楽園から二週間後の一〇月二二日、広島県立体育館での生中継で一騎打ちを組んだ。試合は、無効試合で決着はつかず、さらに一一月四日、蔵前国技館で今度は藤波が持つＷＷＦインターナショナルヘビー級王座に長州が挑戦するタイトルマッチとして再戦させた。試合は、フェンスアウトによる反則で藤波が勝利したが、同じシングルマッチをこれほどの短期間で立て続けにマッチメイクするのは極めて異例の事態で、ファンは藤波と長州の遺恨劇にヒートアップし、瞬く間に二人の闘いはドル箱となったのだ。リング上は白熱したが藤波家は沈んでいた。

「あの時から主人は、あまり家で話さなくなりましたし、私も余計なことは言わない方がいいと思って、夫婦の間で会話がなくなっていったんです。あれから我が家の空気は変わりました」

遺恨劇は藤波にしてみれば明らかに不満だった。それは、抗争勃発で明らかに人気が上昇したのは、長州だったからだ。藤波は、昭和五三年一月二三日、ニューヨークのマディソン・スクエア・ガーデン（ＭＳＧ）でＷＷＷＦ（現ＷＷＥ）ジュニアヘビー級王座を奪取、凱旋帰国後は「シンデレラボーイ」と呼ばれ、猪木の後継者としてスター街道を走り将来が期待されていた。一方の長州は、中堅レスラーとして坂口征二と北米タッグを奪取するなどの実績はあったが、スポットライトが当たらない場所にいた。当時、マスコミは藤波を「エリート」、長州は不遇をかこつ「雑草」とも表現した。

その日陰の男が「エリート」に反逆した。長州の行動は、序列の中で生きているサラリーマンを中心に、「体制」へ牙を剝く反逆のカタルシスとして絶大な支持を受けた。さらに決起した長州を古舘アナウンサーが「革命戦士」と毎週絶叫し、江戸幕府を転覆した明治維新の志士のように時代を切り開く先駆者として祭り上げた。プロレスファンは、いつでもどんな時でもリングに刺激を求める。長州の存在はファンにとって最高のエクスタシーで、藤波は明らかに「体制」だった。かおりは、試合を重ねるごとに長州の人気が凄まじい勢いで上がっていくことを肌で感じていた。反逆する前は会場でほとんど起きなかった「長州コール」が、リングを包むようになってきたのだ。

「あのころは、会場で主人の試合を見られませんでした。あの時から会場は『ドラゴンコール』と『長州コール』が二分するようになって、長州さんと主人の試合を見るのが、いたたまれなくなったんです。会場にはいるんですが、試合が始まるとリングが目に入らない通路とか階段にいました。そうすると、歓声とか足を鳴らす音でどっちが優勢なのかが分かりますから、主人より長州さんの声援が大きいと『あぁこれで藤波の時代が終わるのかな』って思いました」

長州は藤波を踏み台にしてステイタスを上げ、新日本プロレスは、興行の柱となる新たなスターを産みだし活況を呈した。エリートに挑む革命戦士という構図は、興行の看板として見事に的中した。しかし、かおりから見れば、その描かれた図式は完全に誤った、中身が伴っていない宣伝文句だった。

常に梯子を外される恐怖が

藤波は、大分県東国東郡（現・国東市）で生まれ、中学時代に猪木に憧れプロレスラーになる夢を抱いた。中学卒業後に自動車整備工として就職したが、憧れは捨てきれず同じ大分県出身のプロレスラー北沢幹之を頼り、昭和四五年に一六歳で日本プロレスに入門、翌四六年五月九日にデビューした。猪木が昭和四六年一二月に「会社乗っ取りを企てた」

として、日プロを追放されると猪木の背中を追い、昭和四七年三月に旗揚げした新日本プロレスへ参加する。体重が九〇キロにも満たずやせ細った藤波は、昭和五〇年にようやく初めて海外武者修行のチャンスを与えられた。ただ、修行の実態は、いつ帰国できるのか分からない片道切符で西ドイツからアメリカと自分の力でプロモーターと交渉しファイトマネーを稼いだ。ＭＳＧでＷＷＷＦのベルトを取って一夜にしてスターとなったが、そこまでにデビューから六年八か月もの時間をかけてようやく手にした栄冠だった。格闘技経験も何もない中卒のたたき上げから自身の努力で這い上がってきたプロレス人生は、雑草そのものだった。

一方の長州は、山口・桜ケ丘高校時代にレスリングで国体優勝、専大に進むと昭和四七年のミュンヘン五輪に出場し、卒業後の四九年に鳴り物入りで新日本プロレスに入団した。デビュー後は、すぐに海外遠征に旅立ち、帰国後は、リングネームをファンに公募し本名の「吉田光雄」から「長州力」へ変え、メインイベントに抜擢されるなど、スターの座が約束された明らかなエリートだった。

確かに長州が反逆の狼煙《のろし》を上げた時、藤波はメインイベンターで長州は一介の中堅レスラーだった。それは、藤波の努力とファンの支持の賜物であって、「エリート」と「不遇」の序列を逆転させた真のレスラーは、長州ではなく藤波だった。かおりもそんな真実を声を大にして叫びたかった。しかし、動き出したドラマの歯車は止まらなかった。選手が積み上げた過去の実績よりも、興行会社として今、ファンが切符を買ってくれるストーリーを新日本は最優先した。どんなにスポットライトを浴びていても、たった一試合で築いてきた地位や名声を奪われる生存競争が新日本マットのダイナミズムであり、生き残りへの恐怖をレスラーは背負っていた。かおりは、藤波がその恐怖を露にした姿を目の当たりにしていた。それは、昭和五四年一〇月二日、大阪府立体育会館で剛竜馬に敗れた時だった。試合後、かおりと会った時に「オレはもう終わった。もうベルトを取り返せない」と涙を流した。

「主人の涙は、その時、初めて見ました。ボロボロ涙を流す姿を見て、それぐらい厳しい世界なんだなって思い知らされました」

涙の王座陥落から二日後の蔵前国技館で藤波は、剛との再戦を制し、すぐに地位は取り戻せた。当時の藤波は、ジュニアヘビー級で大ブームを巻き起こし絶大な人気を獲得していた。しかし、たった一試合の負けで「オレは終わった」と絶望し号泣する姿を目の当たりにした時、新日本の容赦ない厳しさと常に梯子を外される恐怖を背負いながらリングに上がっていることをかおりは教えられた。

だからこそ、長州の台頭で起きた逆転現象の意味が十分に分かった。会社が主催するパーティーでも「花形」として紹介されるのは藤波ではなく長州だった。

「せっかくニューヨークでチャンピオンになって、ここまで頑張ってきたのに一瞬で落とされてしまうんだなって思っていました」

そして、精神安定剤を服用するようになる。

「会場へ行くと気持ちが不安定になって倒れそうになっていたので安定剤を飲んで落ち着かせていました。そんな思いをするんだったら、行かなきゃいいじゃないかって思われるかもしれませんけど、どうしても気になるから行ってしまっていたんです」

藤波と長州の立場が完全に逆転する時が来る。昭和五八年四月三日、蔵前国技館、WWFインターナショナルの王座をかけた試合。長州はリキラリアットで藤波を倒したのだ。この試合は日曜日の興行で二日後の五日に「プロレススペシャル」と題した特番で録画放送された。試合が生中継でない時、いつもかおりは、名前を名乗らず一人のファンを装い東京スポーツに電話で結果を聞いていた。

「勝った時は、帰宅した時に普通に迎えられますけど、負けた時はどう迎えればいいのかを考えないといけないので、結果は事前に分かっていた方がいいので、いつも生中継でない時は東スポに結果を聞いていました」

蔵前には行かなかったこの日も東スポに電話をして夫が負けたことを知った。

「あの試合の後は、どういう風に主人が帰ってきて、私がどう迎えたか、あまり記憶は残っていないんです。ただ、主人は正直な人で、ポーカーフェイスが作れなくて感情がそのまま顔に表れるので、多分、また、いたたまれない空気が家の中にあったと思います」

四・三蔵前は、この年の東スポが制定する「プロレス大賞」で年間最高試合を受賞し「藤波対長州」の中で今も最高の名勝負と評される激闘だった。同時に反逆劇から半年で長州の人気が頂点を迎えた一戦でもあった。続く四月二一日、舞台は同じ蔵前で今度は藤波が挑戦者として長州が持つＷＷＦインターへ挑んだが、リングアウトで長州に敗れた。藤波はデビューから一二年目の二九歳、長州はデビュー九年目の三一歳。この二連敗で藤波は、築いてきた地位から叩き落された。

「苦労を知っている人と一緒になりたかった」

「連敗して本当にいたたまれない思いがしました。だからと言って、長州さんへの恨みは何もないんです。長州さんは、それだけの魅力があったからこそ、ファンのみなさんから支持されたと思いますし、あの方以外のレスラーが同じことをやっても主人を上回ることは絶対になかったと思います。それだけの魅力があることは私も分かりました。だからこそ辛かったんです。魅力がない選手だったら何の心配も私はしませんでした」

長髪をなびかせ、白いリングシューズで藤波へ牙をむく長州の姿は、かおりから見てもファンを惹きつけるオーラをまとっていた。それだけに再び長州を上回ることは、至難の業で、夫の場所が侵されたことが分かった。

「私にとっては主人がすべてなので、長州さんがどうとか、そういう感情は、沸かないんですね。ただ、『主人の場所は奪われてしまったんだな』と思いました。でも結婚した時に『この先どうなるか分からないけど、どんなことがあっても主人についていく』という覚悟で嫁ぎましたから、あの時も『何があってもついていくしかない』と思っていました」

どんなことがあってもついていく覚悟は、果たして現実になる。長州への二連敗後、藤波は、会社から海外遠征に出るよう指示され、五月からのシリーズ「ＩＷＧＰ」への全戦欠場を通告されたのだ。藤波はこれを「お払い箱」にされたと受け取った。そして、かおりにこう告げた。

「こんな会社には、いたくない」

新日本を辞める気持ちを妻へ打ち明けた。そして、日本を離れ、かおりと共にニューヨークへ行くことを決める。

「ニューヨークにいても日本から『帰ってこい』って何度も連絡が入りましたけど、主人は『帰りません』の一点張りでセントラルパークのベンチに座って『会社の方針に逆らってこのまま帰らないでニューヨークで生活しようか？』って毎日のように話し合ってましたね。あの時が結婚して一番悩んだ時期だったかもしれません」

不退転の決意でのニューヨークへの逃避行だった。ＭＳＧでジュニア王座を獲得した藤波は、ニューヨークが本拠地のＷＷＦ（現ＷＷＥ）のプロモーターのビンス・マクマホンと懇意で試合に出場する機会は恵まれた。さらにメキシコからもオファーを受け、仕事には事欠かなかったため、退団しても海外でリングに上がり続ける自信はあった。ただ、ファイトマネーは日払いで新日本で得た収入よりは目に見えて少なかった。

「試合に出るとしわくちゃのドル札をもらって帰ってきてました。最初は、貯金を切り崩してランクの高いホテルに泊まっていたんですけど、収支が合わなくなるので、仲間のレスラーが使っているホテルに変えました。だけど、主人は日本で抱えていたストレスから解放されたのか、すごく楽しそうに充実した毎日を送っていたので私もニューヨークで生活する方がいいなと思って、ちゃんとしたアパートを借りようと考えていました」

このまま海外での生活を続けることは、妻として将来に不安を覚えないわけではなかった。ただ、結婚した時に「苦労」を望んで藤波と一緒になることを決めていた。だから、不安も前向きに考えた。

「私は、結婚するなら、苦労を知っている男性と一緒になりたいってずっと思っていたんです。じゃないと、私自身の人生がダメになると思っていました」

かおりはそう振り返ると、藤波との馴れ初めを打ち明けた。かおりは、昭和二八年九月一四日、大阪府堺市で生まれた。父親の沼谷友信は産業用ロボットを製造する会社を経営し、幼少のころから何不自由なく育てられた。小学校は、奈良市にある私立帝塚山小学校に入学し、短大までエスカレーターで進学した。

「両親には、何の不自由もなく育ててもらってとても感謝しています。ただ、今思うと私は本当にぬるま湯につかって育ってきて、お小遣いももらったことがなくて、欲しい物があれば、その都度買ってくれる感じでした。短大に入って『車が欲しい』って言えば、すぐに買ってくれるような家でした」

学校が私立でまわりの友人もみな経済的に恵まれた家庭だった。そんな日常を日本中の誰もが同じように送っていると思っていた。自らの価値観が間違っていたことに気が付くのは、一八歳でモデルの仕事を始めた時だった。

「モデル仲間には母親と二人暮らしの人や、生活のために働いている人が大勢いたんです。その時、自分が育った環境は当たり前じゃない、自分の価値観は間違っていたんだと、本当に恥ずかしいんですけど一八歳になって初めて知ったんです」

さらにお金のありがたみに気付いたのは初めての仕事で報酬を受け取った時だった。

「モデルは華やかに見えますけど、裏では物すごく激しいレッスンをして、マネージャーからも厳しく指導を受けて、朝から晩までカメラの前に立って……それで、ようやく初めていただけたお給料が五千円だったんです。その五千円をいただいた時に、生まれて初めてお金をいただくことのありがたみと、働くということは本当に大変だということが分かったんです。『自分の今までの生き方は違う。このままじゃ私はダメになる』と考えて、そこから私は一八〇度、自分の考えを改めました」

五千円を稼ぐためにどれほどの汗と努力が必要かという現実を思い知らされ人生観が変わった。それは男性への考え方も同じだった。それまでに交際した男性はいたが、同じような裕福な境遇で育った人だった。短大を卒業し両親はお見合いを勧めたが、相手は父親が社長、医者などの「お坊ちゃん」ばかりだった。

「そういう守られた中で育った人は親の力がなくなった時に『私を守れるのかな？』と疑問に思うようになったんです。なので二代目と結婚するのは無理と考えていました」

短大を卒業して、モデルとしても有名百貨店などのキャンペーンに起用され、報酬も一日五千円が五万円に昇給、トップランクの待遇を受けるまでになり仕事は充実していた。

自分を守ってくれる理想のパートナー

結婚が現実から遠ざかっていた二四歳の時、藤波と出会う。

プロレスは、テレビで少し見た「ビル・ロビンソン」の姿に好感を持っていた程度ではほとんど興味はなかった。しかし大ファンだった弟に誘われ昭和五三年一〇月二〇日、新日本プロレスの寝屋川市民体育館での試合を初めて生観戦する。テレビ生中継となった興行で藤波は、チャボ・ゲレロに勝利したが大流血に追い込まれる凄惨な試合となった。

ケガを心配したかおりは、宿泊先を探し、見舞いの果物を送った。このプレゼントがきっかけとなり、二人は再び大阪での試合会場で出会い交際がスタートした。

リングを離れた藤波は、いつも温厚だったが女性をエスコートすることが苦手だった。ある日のデートでは、喫茶店でプリンとココアを注文し、ウエイトレスが持ってくるとすぐに食べ始めた。かおりが何も食べていないことに気付くと「あれ？　何か注文しないの？」と驚いたという。

「普通は、デートだったらまず男性は女性に注文を聞いて、それから自分が頼みますよね（笑）。そういうところが全然できてない人だったんです。だけど、私はそこが『あぁこの人は女性に慣れていないんだな』っていうことが分かって、いいなって思いました」
交際前から弟を通じて藤波が長い下積みを経てチャンピオンになった苦労話を聞かされていた。交際が始まると藤波自身からも大分で育ってきた環境を打ち明けられた。

六人兄弟の末っ子だった藤波は、父親の晋が炭焼きの職人だった。炭焼きは、炭ができるまで、火を絶やしてはいけないため、山小屋に数週間、籠らなければならず家にいないことがほとんどだった。山にいる父のため夕方になると毎日のように弁当を届けることが日課だった。父は病気がちだったから家計を助けるために母親のトヨ子も道路工事の現場で働き、さらに中学に進むと藤波自身も学校を休み、工事現場で働いていた。家族のための労働で不登校となった藤波のために、工事現場に担任教師と友達が訪れ「学校に出てこいよ」と励まされたことを明かし「あの時の先生と友達の温かい言葉は忘れられないんです」と打ち明けていた。

それは、裕福な家庭で育った自分では考えられないような正反対の生活だった。さらにレスラーとしてもベルトを獲得するまでに苦労をたどって来た藤波は、「自分を守ってくれる」理想のパートナーだった。

プロポーズは、初めて会ってから二か月後の一二月だった。深夜、信頼する先輩レスラーの山本小鉄の自宅にいた藤波は「いい相手がいるなら今からプロポーズしろ」と指示され、電話で「結婚して欲しい」と伝えた。

「それまで四、五回ぐらいしか会っていませんでしたけど、人としてすごくいい人だって分かりましたし、どん底を知って苦労をしている人だから何があっても私を守ってくれるだろうって思って、即答で『はい』と返事をしました」

山本小鉄の後ろ盾もあり、会社にも結婚することを報告した。しかし、ジュニアヘビー級王者として凱旋してから一年が経たない時期で、精悍なマスクと彫刻のような筋肉美で数多くの女性ファンを獲得していた。結婚を発表すると、女性ファンが離れることを危惧した会社から「一緒に暮らしてもいいが、発表まで三年待って欲しい」と頼まれ、藤波は従った。

プロポーズから年が明けた昭和五四年から青山のマンションで同居生活が始まった。公にはできない暮らしは、影に隠れることを強いられた。今では信じられないが当時、選手の住所は専門誌などに記載されており、オートロックもない時代、ファンは部屋の前で藤波が玄関から出てくるのを待ち受けていた。

「部屋の前に女性ファンが座っているので買い物にも行けないことがよくありました。そういう時には会社に電話をかけて女性社員の方に来ていただいて、ファンの方たちに、自宅に藤波がいないことを言ってもらって、それでいなくなったのを見計らって買い物へ出かけていました」
そんな生活が三年も続き「どうして、こんなにコソコソしないといけないんだろう？」とため息をついたことは何度もあったという。そして、昭和五六年六月八日、ニューヨークのＭＳＧに出場した藤波は試合後、リング上で晴れて結婚を公にした。かおりの誕生日となる九月一四日に婚姻届を提出、一二月一四日、京王プラザホテルで挙式披露宴を行い、かおりは藤波の妻となった。

耐えてついていく覚悟での結婚だったが、藤波は、家庭を愛してくれた。数多くの地方巡業でも東京へ戻ることができる場所なら他の選手とは別行動で寝台列車などを使って自宅に戻った。「僕は家が好きなんだ」と藤波はよく話した。幼少のころから両親が働き、六人兄弟の末っ子で兄や姉も独立してしまい一人で家にいる環境で育ってきた藤波は、家庭のぬくもりに飢えていたのだ。

「主人の育ってきた環境を聞いて、家庭の温かさを求めていることはよく分かりました。その足りなかった部分を私が補っていけたらいいと考えていました」

だからと言って藤波が両親を恨んでいることはなかった。プロレスラーになったのもお金を稼いで苦労した両親に家をプレゼントしたいという夢があったからと聞いていた。しかし、父親の晋は、持病のリウマチを悪化させ昭和五三年一一月三〇日、六九歳で亡くなってしまう。その日、藤波は広島県立体育館で剛竜馬と対戦し、試合後に訃報が届いた。

「主人は、お父さんが生きているうちに家を建ててあげるのが目標だったんですけど、その思いがかなえられなくなったんです」

それでも藤波は夢をあきらめなかった。亡くなった人が家族のもとに帰ってくると言い伝えられる初盆までに大分のふるさとに家を建て、父を新居で迎えようと決断した。相談を受けたかおりも受け入れたが、家を建てる資金がなく会社と銀行から借金をした。

新しい藤波を長州が引き出している

「会社からお金を借りたんですけど、毎月の給与全額を返済に充てたので、給与明細の支給額がゼロでした。報酬がなかったのは二年間ぐらい続きました。ただ、当時は、幸いサイン会とかのイベントが多かったので、そのギャランティーで何とか生活をつないでいけました。それで念願をかなえて、初盆までに家を建てました。この時、藤波は、リスクがあっても自分がこうと決めたことは曲げない、そんな人だということを改めて知りました」

両親への計り知れない孝行を知ったかおりは、家庭の温かさを感じてもらうために何よりも食事に気を配った。

「落ち着いて安らげるようにと考えて、望まれるものは何でも作りました。何よりも体が資本ですから食事は気を付けました」

交際していた時、外食は常にテーブルいっぱいに料理を並べて食べていた。

「ですから、同居して初めての夕食の時に同じようにテーブルいっぱいに料理を並べると『こういうのはやめてくれ。一品一品出して欲しい』と言われたんです」

外食でテーブルいっぱいに料理を並べるのは、いつだれが見ているか分からない状況でプロレスラーとしてのイメージを守るためのパフォーマンスだった。実際は、フランス料理のフルコースのように一品ずつテーブルに出して味わうことを藤波は求めた。

かおりは、小学校のころから料理が大好きで台所では祖母、母の横で手伝いをしながら、目分量で味を覚え自分も調理していた。高校生になると「土井勝料理学校」に通い、その後、「辻調理師専門学校」でさらに料理を学び調理師の資格を取得していた。

「私の持論は、色とりどりの物を作れば栄養は揃うというもの。なので、同じ色の物が重ならないように、そこは気を使っていました」

プロの料理人と同じ腕前を持っていたからこそ、藤波が望むように毎日、「前菜、サラダ、スープ、メイン、デザート」と食卓に出し、さらにメニューが重ならないように、そのすべてを日記としてつけ、リング上で傷ついた夫の心身をいやした。

試合は、送迎も兼ねて首都圏や故郷の大阪での興行には足を運んでいた。試合を見るにつれ、藤波の輝く理由に気付いた。

「主人と付き合い始めて真剣にプロレスを見るようになって『レスラーには素質があるんだ』って思いました。藤波の試合を見て『この人は、頭の先から足のつま先まで死んでいるところがない』と感じたんです。藤波は全部が生きているんです。それは、素質だなって思いました。というのは、私もモデルでしたから、常にマネージャーから『誰が見ているか分からないから、家を一歩出たら気を抜くな。素顔で外出するな。自分がモデルということを自覚しろ』って繰り返し言われてきたんです。だから、見られていることへの意識はすごく敏感で、ずっと緊張していたんです。そういう教えを受けていましたから藤波の試合を見た時に『死んでいるところがない』って共感できたのかもしれません」

妻として試合を見るスタンスは、結婚前と後とでは激変した。

「主人と一緒になるまでは、試合を見ると『イケェ！』っていう感じで見ていたんですけど、婚約してからは、とにかく『ケガをしないように』とそれだけを願って見るようになりました。それは今も変わりません」

苦労してきた男性との結婚を望み、婚約から三年間も忍び、自宅では食事で家庭の温か

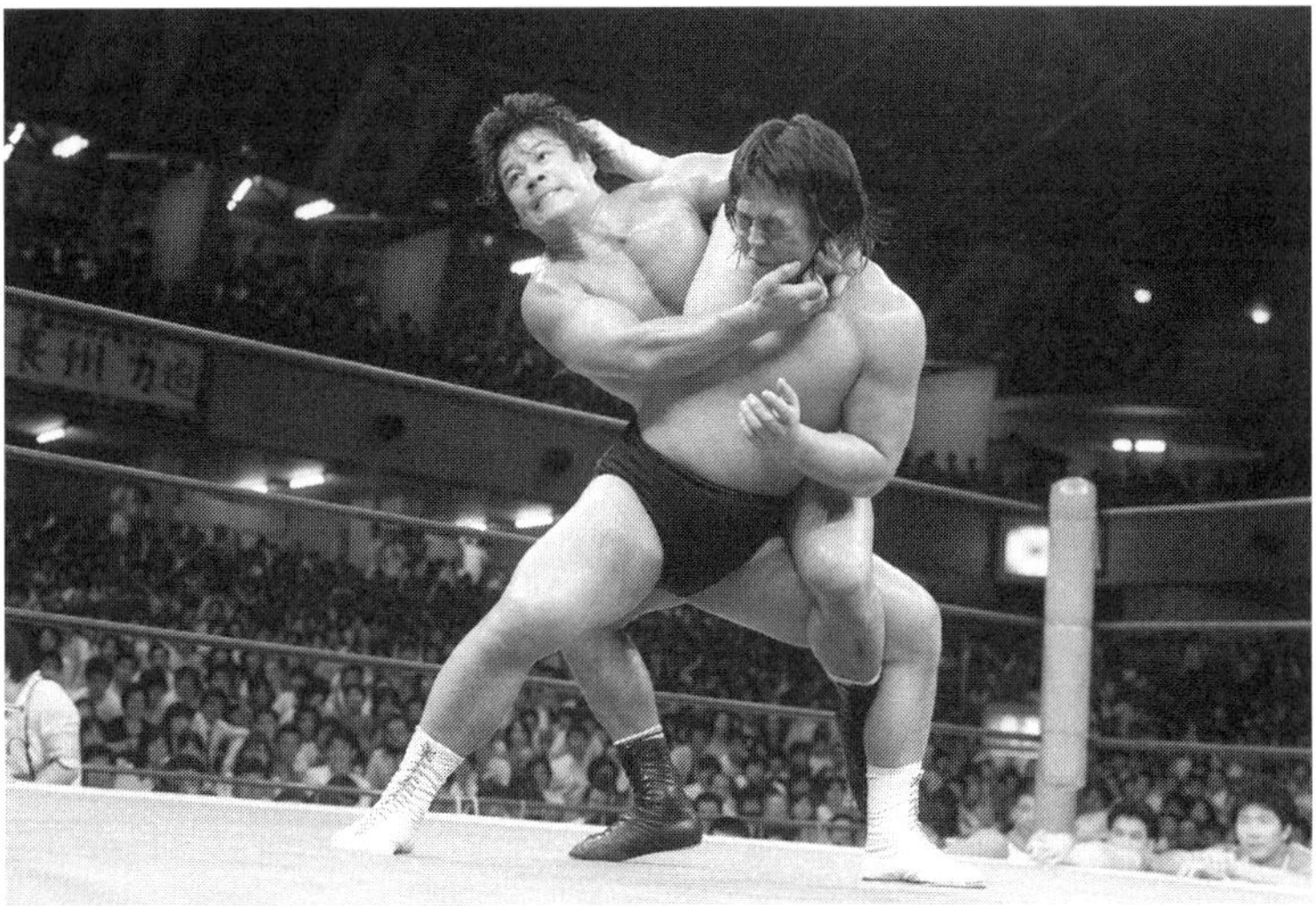

魅力を引き出し合った藤波×長州戦

さを感じさせ、試合会場の送迎を欠かさなかった。そして誰よりもプロレスラー藤波辰巳の素晴らしさを感じていた。かおりは、まさに夫と共に闘ってきた妻だった。

長州に二連敗し、夫が退団を辞さなかった時も「どんなことがあってもついていく」覚悟だった。

しかし、状況は一変する。「ＩＷＧＰ」シリーズの最終戦となる昭和五八年六月二日の蔵前国技館でハルク・ホーガンと決勝戦を争った猪木が失神ＫＯ負けし、長期欠場する緊急事態が発生した。次期「サマーファイトシリーズ」は、大看板の猪木不在となったため、興行人気の下降を最小限に食い止めるべく新日本は「藤波辰巳」の看板が不可欠になり、「頼むから帰ってきてくれ」と懇願されたのだ。この予期せぬ事態での帰国要請を藤波は受け入れ、七月一日、後楽園ホールで行われた「サマーファイトシリーズ」開幕戦でおよそ二か月ぶりに日本へ戻ってきた。

リング上で立ちはだかったのは、やはり長州だった。猪木を失ったシリーズだったが、両者の抗争で興行人気が激減することはなかった。二人は、七月七日の大阪府立体育館で一騎打ちし反則で長州が勝った。そして、シリーズ最終戦の八月四日、蔵前国技館で藤波がリングアウトで長州を破り、ＷＷＦインター王座を四か月ぶりに奪還する。長州は浜口らと結成した「維新軍団」のリーダーとなり、会場の人気は、やはり長州が藤波を上回る勢いだったが、帰国した夫がライバルと戦う姿を見てかおりの中で変化が生まれた。

「それまでは、いたたまれない気持ちだけだったんですけど、ニューヨークから帰ってきて長州さんと戦う主人を見て、『今までにはないものがリングに出ている』と思ったんです。それはジュニア時代のスマートで洗練されたレスリングにプラスして、もっと熱い魂がこもっているといいますか、武骨だけど感情が露に出ているなと感じました。その時、もしかしたら新しい藤波辰巳が生まれるんじゃないかなって思いました。その今までにない部分を引き出しているのが長州さんだと気が付いたんです」

長州の反逆で夫の人気とポジションを奪われた辛さだけが心の内を占めていた。しかし、それは同時に巨大なライバルが出現したことによって、感情をむき出しに闘う新しい「藤波辰巳」が生まれたことでもあると、かおりは分かり始めてきた。同時に複雑な思いを抱いていた長州へ感謝にも似た感情が芽生え始めていた。

「『猪木さんを助けたい』と私に言いました」

そんな新たな思いが宿った昭和五八年の夏、リング上で活況を呈していた新日本プロレスは、水面下では会社の足元が揺らぐ事態が起きていた。高い興行人気にもかかわらず会社の実利益はまったく上がっていなかった。原因は、社長の猪木自身が運営するリサイクルを目的とした企業「アントンハイセル」の巨額な負債が新日本の経営に影響していると言われていた。

この噂を経理担当から知らされた取締役の山本小鉄らは、猪木、副社長の坂口征二、専務取締役の新間寿の幹部三人に責任を追及し退陣を迫ることを計画する。藤波も山本の考えに賛同していた。

水面下の動きが表面化したのは、八月一一日に明らかになった佐山サトルのタイガーマスクの引退だった。そして、八月二五日に緊急役員会で責任を追及された猪木が社長、坂口が副社長を辞任、新間が謹慎する事態となった。後に「クーデター事件」と呼ばれた社内の激震について藤波はかおりにどんな話をしていたのだろうか。

「主人から相談はありましたし、新日本の選手が自宅に来たこともあって何度か話し合っていたのも見ていました。主人は『レスラーが命懸けで稼いだお金はレスラーに還元しないといけない。そのうち会社で動きがある』と言ってました。その時、私は『私がとやかく言うことじゃないので、すべては、あなたに任せます』と話したのを覚えています。ただ、私は、主人の仕事については入り込まないというスタンスでいたので、本当のところは何があったのかそれ以上は深く聞いていません。この時もニューヨークへ行った時と同じで主人を信頼していますから、この人がやりたいことをやれば間違いはないし私はついていくだけと考えていました」

クーデター事件は結局、毎週試合を放送するテレビ朝日幹部が猪木の退陣に猛反対し一一月の臨時株主総会で猪木が社長、坂口は副社長に返り咲き、わずか三か月で事態は収拾された。

水面下で起こった激震の渦中も藤波と長州のシングルマッチは続き古舘アナウンサーが「名勝負数え唄」との形容詞で称えた。しかし年が明けた昭和五九年、「数え唄」に曲がり角が訪れる。二月三日、札幌中島体育センターで組まれた一騎打ちにおいて、入場の花道で長州が藤原喜明に襲われ大流血、試合が不成立となる異常事態が起きたのだ。藤波はリング上で怒りを露にしたまま会場を後にし、雪が降りしきる中、追いすがる報道陣に「こんな会社辞めてやる」と言い放った。

大混乱の生中継をかおりは、自宅のテレビで見ていた。長州と仲間割れをした時と同じように、何が起きたのか分からず「ただ、また、嫌なことになった」とだけ思った。札幌から帰った藤波は、不機嫌そのものだったがマスコミに吐き捨てた「会社を辞める」という言葉は、家では言わなかったという。

この「雪の札幌事件」を経て今度は、中堅レスラーだった藤原がスターダムにのし上がった。「藤波対長州」を踏み台にして新日本と猪木は、「藤原喜明」という新しいスターを産み出した。「クーデター事件」で復権した猪木流のドラマ作りの前には、配下のレスラーは誰もが従わざるをえなかった。

ただ、「雪の札幌事件」をきっかけに、あれほど熱気に包まれた「名勝負数え唄」の色が褪せていく。六月一〇日に静岡産業館でのシングルマッチはついにテレビ中継はなく、七月五日の大阪府立体育会館での試合では、藤波がエル・カネック、長州と二連戦という変則的な形で行われた。七月二〇日に不成立に終わった札幌で再戦し、一連の抗争勃発から初めて藤波が長州をフォールした。そしてこの一戦が「名勝負数え唄」の最後となった。

長州が九月二〇日に大阪府立体育会館での「ブラディファイトシリーズ」最終戦を最後

に新日本を離脱したのだ。

長州は「維新軍団」のアニマル浜口、小林邦昭ら一三人と共に新日本を退団し、新たに「ジャパンプロレス」を設立、翌年の昭和六〇年一月からライバル団体の全日本プロレスへ参戦した。長州を引き抜いたのは、「クーデター事件」後に新日本を退社し「新日本プロレス興行」という興行会社を作った幹部社員で、新日本から引き抜いた大量の選手を全日本へ仲介する役割を果たしていた。狙いは新日本の弱体化で、藤波にも誘いの手を伸ばしていた。

長州らの大量離脱の前後に自宅へ引き抜きの電話がかかってきた。同じようにスカウトされた複数の選手が藤波のもとを訪れ、身の振り方を相談していたという。かおりは、藤波への電話も選手が自宅に来た時も会話を聞かないようにしていた。

「絶対に主人の仕事のことには立ち入らないと私は決めていたので、電話がかかってきても選手が相談に来ても、主人は私に話を聞かれたくなかったでしょうし私も聞きたくなかったので、会話が聞こえない別の部屋にいました」

前年夏にタイガーマスクが引退、続いて長州ら維新軍団も抜けた。ここで藤波まで辞めれば新日本プロレスは存亡の危機に立つことは明らかだった。

「主人も口には出しませんでしたけど、自分が抜けたら新日本は潰れると考えていたと思います」

新日本プロレス興行は、高額な移籍金も提示したという。心は揺れた藤波だったが新日本残留を決断する。

「主人は、『沈むなら自分も新日本と一緒に沈もう』と決意しました。ただ、残っても長州さんたちが抜けた穴は大きく、会社の将来へ不安を募らせていたようで、家の中でもあまりいい顔をしていませんでした」

生まれ育った団体の危機に藤波は、かおりにある決断を相談する。それは、自宅マンションを売却し新日本の運営資金に充てる計画だった。

「主人は『マンションを売っていいか？　そのお金で社員の給料を補塡したいんだ』と言いました。私は『あなたに任せます』とだけ答えました。マンションを売れば、住む場所がしばらくなくなるので、大阪の実家に『しばらく実家に帰っていい？』って相談もしたんです。主人はそこまで決意して新日本を守ろうとしたんです」

藤波が離脱しなかった理由はたったひとつだった。かおりは、こう明かした。

「猪木さんが好きで好きで仕方がなかったんです。ただ、猪木さんを助けたいという思いひとつでした。マンションを売っていいかって相談された時も『猪木さんを助けたい』と私に言いました」

働きながら学校に通った中学時代、自分を勇気づけてくれたのが猪木のファイトだった。憧れた末にプロレスラーとなり、新日本の旗揚げに参加した。「クーデター事件」で相反したが、藤波は、やはり、猪木を裏切ることはできなかった。猪木への背信は、藤波にとって自分の人生を否定することだった。

長州からの思いがけない言葉

「移籍した長州さんは、プロとして当然の考えで間違っていないと思います。ただ、主人とは生き方が違ったんです。私自身は移籍して待遇が良くなるようなところに主人が巻き込まれて欲しくないと思っていました。もっと言えば、藤波辰巳という人間は、育てていただいた猪木さん、新日本への恩を大切にする人で、それ以外のことで心が動く人じゃないと思っていました」

ここまで話すと、かおりは胸の中にしまっていた思いを吐き出した。

「もし、あの時、移籍していたら、私が好きな藤波辰巳ではなくなってしまったので離婚していたかもしれません」

藤波は猪木を守るため新日本に残り、長州はプロとして退団した。この時、昭和五七年一〇月八日から一年一〇か月に及び、藤波と長州が昭和の金曜夜八時のゴールデンタイムで展開した「名勝負数え唄」は幕を閉じた。当時長州は独身で、かおりは、唯一、妻としての立場で両雄の抗争を目撃してきた。そしてここまでが「プロレスラーの妻」が明かす「藤波対長州」の秘められたドラマだった。

ただ、ドラマには続編がある。

長州は、昭和六二年五月に新日本プロレスへ復帰する。同じ年の一〇月五日、後楽園ホールで三年三か月ぶりに藤波は、長州と対戦し、以降、新日本の最高峰であるＩＷＧＰ王座を巡り熱い闘いを重ねた。

昭和天皇が崩御し元号が昭和から平成に変わった元年、新日本プロレスは大幅に体制が変わる。六月の株主総会で社長の猪木が参院選出馬を理由にトップを退任し坂口が社長に就任した。同時に藤波と長州は取締役に昇格し、長州は、「マッチメイカー」を任され、リング上の展開を決める全権を掌握した。

一方の藤波は、選手生命の危機に立たされる。腰椎の椎間板ヘルニアを患い七月の試合を最後に長期欠場に追い込まれた。歩くこともままならない重傷は、復帰どころか日常生活も元通り暮らすことができるのかまったく先が見えない。この時をかおりは「地獄のような毎日でした」と振り返る。

全国各地の医者を探し、自宅では懸命に看病したが痛みが一向に回復しない状況に、結婚してから初めてかおりは藤波に「この痛みは君には分からないだろ！」と叱責された。離婚も頭をよぎった暗黒の日々。それを救ってくれたのが、長州だった。

それは、ある共通の知人のパーティーに出席した時のことだった。ケガで出られない夫に代わってかおりは足を運んだ。立食式パーティー会場の片隅に立っていた時、長州があいさつをしてきた。それまで長州と会話を交わしたことは一度もなく、思いもかけない行動に驚いたかおりに長州はこう告げた。

「今、僕があるのは藤波さんのおかげです。だから、今はゆっくり休んでください。それまで僕は、待っています。必ず戻ってくるまでリングを守っています」

夫を思うライバルからの言葉に自然と涙が流れた。

「まさか、長州さんからそんな言葉をいただけるなんて、想像もしていなかったので、主人を思う気持ちが伝わってとにかく感激しました。『なんて熱い方なんだ』と思って、長州力というプロレスラーではなく吉田光雄としての本当の人間性に触れた気がしました」

長州の言葉がひとつの励みとなり、再びケガと真っ向から戦う覚悟を決めた。平成二年九月三〇日、横浜アリーナでの越中詩郎とのエキシビションマッチでカムバックを果たす。歩くこともできなかった地獄からの奇跡のカムバックだった。

復帰に際し、夫婦はケガが多かった運気を変えようと信頼する姓名判断鑑定士に相談し藤波は名前を「辰巳」から「辰爾」、「かおり」も「伽織」へ変えた。同時に変更したことは、新しい出発であり、今まで以上に夫婦二人で闘う決意の表れだった。

長州は、伽織へ「待っています」と約束したように、マッチメイカーとして、復帰した藤波を一気にメインイベンターとして起用する。横浜アリーナから三か月後の一二月二六日の浜松アリーナで自身がもつＩＷＧＰヘビー級の挑戦者に藤波を指名し、藤波が王座を奪還する。翌平成三年三月二一日は東京ドームのメインイベントで藤波とリック・フレアーとの対戦を組み、さらに平成四年一月四日の東京ドームでは、自身と藤波のＩＷＧＰ戦をメインでマッチメイクし、「藤波辰爾」の看板を軸にドラマを築き、ドーム興行で活況を呈した一九九〇年代の新日本プロレス人気の礎を作った。

その後は平成一〇年一月四日に長州は引退するも一二年七月に現役復帰、さらには当時、筆頭株主で実質的なオーナーだった猪木の方針を批判して一四年五月に新日本を退団、一五年三月に新団体「ＷＪ」を旗揚げも経営不振で一年ももたず崩壊した。藤波は、平成一一年六月に退任した坂口の後継として新日本の社長に就任したが一六年に退任、一八年六月に新日本を退団する。

社長時代は、オーナーの猪木の意向と現場との調整に苦慮したり、月曜日の取締役会で決定した事項を翌日になり変更することがあったため、一部から軟弱な姿勢を「こんにゃく」と揶揄《やゆ》され、雑誌などにも書かれたことがあった。加えて、橋本真也、武藤敬司らスター選手の退団が相次ぎ業績が低迷する苦しみの時だった。社長時代の夫を伽織は今、こう振り返る。

「こんにゃくとか言われていたことも知っていました。社長の時は株式上場することが一番の目標でそこへ向けて頑張っていました。社長になってから枕元にメモとボールペンを置くようになって夜中でも何か気が付くと起きてメモしていました。寝る間を惜しんで会社のことだけを考えていました」

「プロレスは奥が深かったんだな」

方針が覆るのは自宅で妻の伽織が忠告しているからとも噂された。

「そう言われていたことも知っていますが、そんなことあり得るはずがないんです。主人の性格は私が一番知っていますから、あれほど頑固な人はいなくて私が言うことで自分の考えを変えるような人じゃないんです。夜中に起きてメモをしていた人なので、会議で決まったことでも、そのあともずっと自分の中で考えてやっぱり違うってなるんだと思います。そこを理解されなかったことは残念です」

藤波も長州も生まれ育った新日本プロレスを出て共に紆余曲折を経た。藤波は平成一八年に「無我ワールド・プロレスリング」を設立、二〇年から「ドラディション」に改称し現在に至る。

「無我の時に北海道での試合があったんですけど、試合前に主人と長州さんがまるで旧友と久しぶりに対面したような感じでいい顔で話をしていたんです。その姿を見た時に、ようやくこういう関係になれたんだなぁとすごく嬉しく思ったことがありました」

あの昭和の「名勝負数え唄」時代、二人はリングを離れてもまったく会話することはなかった。自らを踏み台に人気を得た長州について後に藤波は「邪魔だった。本当に憎かった。そのガチな気持ちをリングでぶつけた」と明かしたように憎悪で燃え上がっていた。一方、長州にとっては藤波は自らを真っ向から受け止めてくれた恩人だった。常に一目置いてきた。その思いを長期欠場の時、伽織に打ち明けた。すれ違った二人の感情が時を経てようやく溶け合ったことが伽織は何よりも嬉しかった。

時代は平成を過ぎ令和となった。六月二六日、反逆の舞台となった後楽園ホールで六七歳になった長州は引退試合を行った。最後の対戦相手として真っ先に指名したのは、藤波だった。最後の二人の闘いを目に焼き付けようと伽織は、後楽園に足を運んだ。そこで見たものは、長州力という虚像ではなく家族を愛する吉田光雄という人間だった。

引退試合を終えた長州はマイクを持つと「私にとってプロレスは何だったのかなと振り返りますに、すべてが勝っても負けても私自身はイーブンです。ただ、今からひとつだけお願いがあります。どうしても勝てない人間がいました。それは今日見に来てくれた家内の英子です。彼女をこのリングに上げてください」と呼びかけたのだ。夫の言葉を受けた英子夫人がリングに上がり二人は抱き合い、英子夫人が長州の左頬へキスを送った。穏やかな笑顔を浮かべ「もう私はここまでです。もう止まります。今からUターンして家族のもとに帰ります」とリングに別れを告げた。

「長州さんが温かい方だということを知っていましたから、引退式で奥様をリングに上げたのは長州さんらしいなと思いました。今までの長州さんのイメージからすれば、奥様をリングに上げることも、もちろんハグしてキスというのもタブーだったと思います。それができたのは、長州力ではなくて本来の吉田光雄さんという人間そのものの姿だったからだと思います。それを最後に表現した長州さんは、すごいと思いました」

妻をリングに上げた長州の姿に今まで公にできなかった家族への感謝があったことを伽織は理解した。キスを贈った妻・英子を見た時に、彼女も自分と同じように妻として闘っていたことが分かった。

「レスラーは、団体に所属していますが、誰もが個人商店なんです。本当のところを分かってあげて助けてあげられるのは家族だけなんです。誰が何と言おうが、何を言われようが藤波の本当のことを知っているのは私と家族だけなんです」

藤波は令和二年一月四日、新日本プロレスの東京ドーム大会に参戦した。獣神サンダー・ライガーの引退試合で一三年ぶりの「故郷」への帰還だった。この試合に向け六週間前から食事制限に取り組み、トレーナーをつけて六六歳になった肉体に鞭を打って過酷な筋力トレーニングを課した。食事制限は伽織、長女の美有、長男でプロレスラーのＬＥＯＮＡの家族全員で取り組んだ。

「本当の藤波を知っているのは私だけ」と言う伽織
撮影協力＝アルビダホテル青山「アルビダラウンジ」

「主人にとってここは大切なリングなので、家族全員でやろうといって一緒に節制しました。家族全員で一丸となって東京ドームへ挑んだ気持ちでした」

　どんなことがあってもついていくという覚悟で結婚した伽織は、夫と共に闘う姿勢にいささかの揺らぎはなかった。ドームのスタンド席で夫の入場を見て、その姿とファンの歓声に涙が出た。

「本当にこれまでいろいろありましたけど、今が主人にとって一番いい時期だなって思います。六六歳になって、もうやめた方がいいんじゃない？　っていう人もいますし、プロレスは八百長だ、出来レースだっていう人もいますけど、六六歳でこれだけ人を引きつけられる選手が他にいますか？　って聞いてみたいです。主人の体に衰えはまったく感じないんですね。ですから最近は私が『あなた、七〇歳までやれるね』って言っているんです」

　そして、こう続けた。

「この年齢で主人がリングに上がることで、ファンの方々が自分の人生を重ね合わせて見てくださっていることを教えられました。『あの長州さんとの試合の時は中学生ですごく勇気づけられました』と、おっしゃってくださるファンの方がたくさんいらっしゃるんです。それぐらい、主人が残してきたプロレスは奥が深かったんだなって……それは最近分かった、新しい発見でした」

プロレスには時を重ねたからこそ分かる境地がある。伽織は、さらに深く人を引きつけるプロレスラー「藤波辰爾」を支えていこうと思う。

第6章

ジャイアント馬場の妻・元子

——女が純愛スナイパーになる時

文＝ターザン山本

ジャイアント馬場　じゃいあんと・ばば

本名・馬場正平。一九三八年一月二三日、新潟県三条市生まれ。三条実業高校を二年で中退し五五年一月にプロ野球の読売巨人軍に投手として入団。六〇年に大洋ホエールズに移籍もケガで引退。同年四月に日本プロレスに入門し同年九月三〇日に田中米太郎戦でデビュー。六三年一二月一五日に力道山が急逝すると日本プロレスのエースに君臨。七二年一〇月に全日本プロレスを旗揚げ。七四年一二月にジャック・ブリスコを破り日本人として初めてNWA世界ヘビー級王者となる。全日本ではジャンボ鶴田、天龍源一郎、三沢光晴らを育てたが九九年一月三一日、肝不全のため六一歳で亡くなる。

馬場元子　ばば・もとこ

旧姓は伊藤。一九四〇年一月二日、兵庫県明石市生まれ。一五歳で当時、巨人軍の投手だった馬場正平と出会い交際を開始。六六年に婚約し八二年に結婚を公表した。馬場が全日本プロレスを旗揚げ後は、スタッフとして団体を支え、九九年一月の馬場の死去後、同団体の社長に就任。二〇〇二年九月に社長を退任。一四年には全日本の取締役に就任も翌年退任。一八年四月一四日、肝硬変のため七八歳で死去。

ハワイで一番、美しいものを見せてやるよ

「ハワイに行ったら馬場さんに会えるみたいだよ！」

誰かがそんな噂をしていたのをちらっと耳にした。馬場さんが亡くなったのは一九九九年一月三一日だった。あれからもう二一年が過ぎ去った。元子さん（馬場夫人）が亡くなったのは二〇一八年四月一四日。

会いたい。もう一度、馬場夫妻と一緒に食事を共にしたあの時、あの時間を取り戻したい。人はなぜ死ぬのか？　なぜ、人は生きているのか？

プロレスラーを引退したら晩年はハワイでのんびり余生を送りたい。それが馬場さんが描いていた人生設計だった。そのためには四〇代にはさっさとリングを去る。だが馬場さんは生涯現役レスラーであることの方を結果的に選んでしまった。

どうしてそうなってしまったのか。プロレスラーという職業に出会えた幸運。それに対する感謝の気持ち。小さいころからプロ野球の選手になりたいという目標と夢は、巨人軍に入団することでかなった。しかしそこで大きな挫折を味わった。突然の戦力外通告。その絶望の先にまさかプロレスという天職に遭遇するとは考えてもいなかったはずだ。

一九六〇年代、アメリカマット界での修行時代、大ブレイク、大スターになった。野球にたとえると大リーガーになったことと同じだ。戦後、アメリカ文化、その衣食住が日本の社会に怒濤のごとく押し寄せ高度経済成長時代に突入。

馬場さんは誰よりも早くそのアメリカ文化のライフスタイルを実感、体験した人だった。ハンバーガー好き、コーヒー党、葉巻きが趣味。明らかに三〇年、それらを先取りしていたカルチャーエリートである。

日本人としてハワイにマンションを買ったのにも先見の明があった。そんな発想をする日本人はまだ誰もいなかった。ようしこうなったら馬場さんがシャングリラと考えていたハワイに行くしかない。会うしかない。全日本プロレスの一月は「新春ジャイアントシリーズ」と言った。それが終わると寒い日本を避けて毎回、ハワイに飛んだ。二月開催の「エキサイトシリーズ」が開幕するまでの間だ。新潟出身の馬場さんは暑い季節が何よりも好きだった。

ハワイは常夏。会える。絶対に会える。馬場さんがふともらしていたある言葉がよみがえってきた。「引退したらその時は絵の勉強を一からしてみたい」。そうか今、馬場さんは油絵の勉強をしているんだ。人生におけるもう一つの思いをやっと手にしたのか。

馬場さんが描くのはほとんどハワイの波だった。しかしそれは自己流。基礎を学ぶ機会も時間もなかった。その絵は残っているが生前、馬場さんはそれを人前に展示することを拒否した。プロからするとその基礎を勉強していないものは素人の絵でしかないからだ。

「プロレスには基本がないように見えてちゃんとあるんだよ。形になった教科書、技術書はないけどね。だからプロレスはみようみまねでする者が出てくる。その基本を知らないというのはある部分、不幸なことなんだよ」

プロレスに限らず今は「なんちゃって世界」が我が物顔で横行している。ＳＮＳワールドは素人が自由を手に入れた時代。それはそれで別に悪いことではない。

私が「週刊プロレス」の編集長時代、ハワイで馬場さんを取材した時の話である。

「あしたはハワイで一番、美しいものをそっちに見せてやるよ」

自信満々の発言である。いつもは言葉少ない馬場さんにはめずらしい出来事。それだけ期待感はふくらむ。馬場さんがそこまで言い切るのはよっぽどのことだ。一体、どこに連れて行ってくれるのか。案内してくれるのか。その翌日、私を含めて三人が馬場さんのマンションを訪れた。

ちょうどお昼の時間帯だった。馬場さんのマンションは最上階だったか。はっきりしたことはおぼえていない。とにかく高い階だった。元子さんが手料理を用意していた。冷やしそうめんだった。ハワイに来て冷やしそうめんをいただけるとは。恐縮、感激。

それは山盛りだった。みんなで食べ終わるとデザートが出てきた。マンゴーである。特別大きなお皿にカットされたマンゴーがこれまた大盛り。思わず三人で顔を見合わせた。食べ切れないかも。無理だ。そうめんでお腹はすでにいっぱい。

だがここはなんとしても食べ切るしかない。食べ残すことは許されない。三人で目くばせした。なんとか皿をからにした。大げさな言い方をすると死にものぐるいだった。馬場さん、元子さんと親しく付き合うにはその覚悟は絶対に必要だ。

昼食を終えてしばらくワイワイ雑談をしていると馬場さんがやって来て我々を呼んだ。連れて行かれたのはベランダである。下を見た時、足がすくんだ。目の前にはどこまでも広大な太平洋。青い海と空しかない。他には何もない。波が白くこちらに向かって繰り返し押し寄せている。

「ほら、見てみろ。これが俺がきのうハワイで一番、美しいところと言った風景だよ」

え？　意表を突かれてしまった。ただの白い波でしかない。てっきりこれから車に乗って遠出し案内してくれるものだと思っていた。しかしそんな風にして馬場さんが自分の心の内を人に見せることは普通はない。

馬場は死に対して敏感だった

何百年、何千年と悠久の時間の中で存在し続けている波、波、波。そこに馬場さんは永遠の時間を見ていたのだろうか。波はいつだって無言である。何も語りかけてこない。ただ無限に運動をしているだけ。時計の針と同じだ。

馬場さんは普段、死を意識していたところがあった。人間は最後は死ぬべき存在である。馬場さんの頭の中にはその認識がガチッと鍵がかかって収められていた。先輩、同僚、部下。あるいは外国人のレスラーたち。その死を見続けてきた。だからこそ永遠という時間に対するかなわぬ思い。その象徴が馬場さんにとってはもしかするとあの波だったのか。

余談だがハワイに押し寄せてくる白い波は南極で起こった暴風、嵐のせいだということはあとで知った。馬場さん的極楽浄土は生まれ変わったら波になりたいということかもしれない。そうすれば、いつまでも生き続けることができる。

ところでハワイに馬場さんを訪ねて行って本当に会えるのだろうか。行く前、例によって永田町にあるキャピトル東急ホテルの「オリガミ」に行った。ここは全日本プロレスの興行が後楽園ホールや日本武道館であった時、終わると二二時ごろ「オリガミ」に集合。

馬場さん夫妻と食事をしながら今日の試合の反省会などをやっていたのだ。午前零時過ぎまで延々とおしゃべり。それを私はシークレットサロンと呼んでいた。パーコーメン、アイスティー、アップルパンケーキの三点セットが定番。たまにオムライスを注文したりする。馬場さんはステーキ。今日のスープ。温野菜。

キャピトル東急ホテルは建てかえられた。馬場さんは新しくなった「オリガミ」を知らない。その日、いつものようにお決まりの三点セットを注文した。そして帰宅した。

すると不思議なことが起こった。眠りについてしばらくすると夢の中で私はハワイにワープしていたのだ。いきなり馬場さんに会ってしまった。

「あれ、馬場さん。波の絵を描くのにワイキキの浜辺じゃないんですか？」

「あそこは人が多過ぎるだろ。落着いて絵を描ける環境じゃない。描くとしたらここしかないんだよ」

私が夢の中でハワイに降り立ったのは誰もいない殺風景なさびしい高い崖の上だった。まるでそこは孤島のような世界。馬場さんは頑丈で大きな折りたたみ式の椅子に座りキャンバスと向かい合っていた。

「波というのはねえ、こういう非常に高い所から見ないとその良さは伝わってこないんだよ。この崖は軽く三百メートルはある。でもどうして俺がここにいることが分かったんだ？」

「ハイ、夢が私をここにいざなってくれました。無駄がいっさいはぶけました。最短時間で日本から来ることができました」

この私の言葉に馬場さんは一瞬、ポカンとしていた。以前、私は馬場さんと二人きりになるとお互い何を話していいのか困ってしどろもどろのぎこちない会話になったことを思い出した。今、そんなことはない。自然に話ができた。

「馬場さん、油絵の勉強はされているんですか？」

「それがさあ、ハワイにも絵画教室があってそこに毎回、通っているんだよ。二〇歳そこそこの若い子たちの中にまじってね。ゼロから学ぶことは楽しいことだよ」

「若い人の中には女性もいるんですか？」

「もちろん。それがみんなボクのことを変な目で見ないで親切に接してくれてね。そうするとこっちもやる気になるというものさ」

「彼らは馬場さんのことを何と呼んでいるんですか？」

「それがさあ。日本語で『ババさん』。悪い気はしないよ。年齢に関係なくフレンドリーに接してくれるのでありがたいよ。それにしても学ぶということは己をゼロにすることなんだよ……」

馬場さんは絵画教室に通っていることを完全に楽しみにしているようだった。教える側からすると素直な人間は成長が早い。伸びてくる。馬場さんもプロレスラー時代、教えることが好きで同じようなことを言っていたことを思い出した。目先がきく、要領がいい、くせがある人間は大きく伸びることはない、とね。

「面白いんだよなあ。先生は素質のある、ないをきちんと見分けている。見込みのあるものにはそれなりの接し方をしているよね」

それは分かる。いえる。

「それよりもさあ。俺、今、人生で初めてひとり暮らしをしているんだよ。元子がいた時は身のまわりのことはみんな彼女がやってくれていただろ。だって車の運転も元子で俺は助手席だった。ホント、元子には助けられていた」

あの天下の馬場さんがひとり暮らしとは傑作な話だ。たぶんお手伝いさんはいるかもしれない。馬場さんは試合がないオフの時は自宅で夜、時代劇を見るのを趣味にしていた。何本か見るとビデオを交換しなければならない。それが馬場さんはできないのだ。そこで馬場さんは大きな声で「オーイ!」と元子さんを呼ぶのだ。マンガみたいな夫婦である。

時代劇の中で馬場さんは「水戸黄門」が特別に好きだった。ある時、その理由を聞くと「それはだねえ」と即答した。「登場人物が誰も死ぬものがいないからだよ」

え、そうなんですか。まったく予想もしていなかった答えにびっくりした。黄門さんが好きとか助さん、格さんがいいとか。あるいは私なら由美かおるの入浴シーンが楽しみというかもしれない。たしかに他の時代劇は捕物帳などでは死体や死人が出たりする。

馬場さんは死に対して非常に神経質かつ敏感だったということである。ある週刊誌が死について連載していて馬場さんにも出てもらおうと取材を申し込んできた。すると「よく俺に死のことを話せと聞いてくるよな」と不機嫌な言い方をしていた。ただ馬場さんが「水戸黄門」のことを本当に好きなのは別のところにその本音があった。

ストーリーの最後には必ず印籠が出てきて「頭《ず》が高い。控えおろ。控えおろ。ここにいるお方を誰だと心得ているのか？」というそのシーンだ。

すると全員が「ハ、ハー」と土下座する。馬場さんはあの印籠は自分だと思っていたのかもしれない。これはあくまで私の勝手な想像である。「水戸黄門」には脇役としてうっかり八兵衛がいる。その役者は高橋元太郎。ある時、六本木で偶然、高橋元太郎を見た馬場さんは「オイ、八兵衛！」と呼んだそうである。

馬場一座の座長と考えた方が分かりやすい

馬場さんは本来、賭け事が好きだ。なにしろ老後は地球一周、あらゆる国をまわってギャンブルをすることが夢だった。それほどのギャンブル好きである。ラスベガスのことを「あそこはいいよなあ。二四時間、どんな時間でも遊べる。賭けをやっている。真夜中だろうと関係ないもんな」。

少年時代、外で夢中になって遊んでいても夕方、太陽が沈むとともに家に帰らなくてはいけない。あのショックが大人になってトラウマになったと語っていた。

まだ馬場さんがアメリカでプロレスラーとして稼ぎがなかったころ、お金を全部ラスベガスでなくしたことがある。とぼとぼとホテルの部屋に戻ったらすでに夜も遅かったので元子さんはベッドで寝ていた。それをいいことに馬場さんは元子さんの財布からお金を抜いてまたギャンブルをしに行った。実は馬場さんはそんな人だったのだ。馬場さんがレスラーとして成功しお金に不自由しなくなると元子さんはスロットで遊ぶようになった。

最初のアメリカ修行時代、日曜日は試合がなかった。すると馬場さんは朝からニューヨークの競馬場に行った。最終レースが終わるとその競馬場からナイター競馬場へのバスが出ていた。それに乗って競馬のダブルヘッダーだ。普通の感覚ではない。

シリーズがない日。馬場さんは麻雀仲間に自分から電話をしてメンバーを集める。「今日、ウチで夜、麻雀をしない？」である。馬場さんから誘われると断れない。馬場さんのマンションには全自動の雀卓があったのだ。その時、元子さんはお茶やコーヒーを出したり時には食べものも出したりした。だいたい徹夜になる。元子さんにはその報酬が当然支払われた。

面倒なことはいっさいしない馬場さん。なにしろ「俺ほどずぼらな人間はいない」と公言、自慢していたぐらいだから、そんな馬場さんを元子さんはしっかり支えてきた。「オリガミ」で食事をしたあと元子さんは帰りにバナナブレッドをお土産として買う。馬場さんはすぐお腹がすくのだ。馬場さんに関しての元子さんの気配りは実に細かい。

「ところでそっちは夢の中でハワイに来たと言ったが俺、この場所では誰にも会ったことがないんだ。君が初めてだ」

今、こうして馬場さんに会うことができた。だからといってまた会えるという保障はどこにもない。キャンバスを見るとそこには波と夕陽が描かれていた。

「毎日、ここに来ているから俺に会いたくなったら午後四時ごろに来たらいい。人と久し振りに話をしたらなんだかなつかしくなってね」

今日のところはこのへんで失礼しますとあいさつをすると「面白いことがあるんだよ。次に会った時にそのことは君に教えるよ」とあの馬場さんが謎掛けをしてきた。なんだろう。気になる。またここに来れることを願って私は夢の中に引き返すことにした。

たしかに私は馬場さんと会うことができた。次回は手ぶらはダメだ。お土産が必要だ。何がいいのか？　そうだ。馬場さんの好物といったら虎屋の羊カンだ。あるいはイチゴ大福もね。あれを買って行こう。たぶん馬場さんも喜んでくれるはずだ。馬場さんは口ぐせのように言っていた。「この世で一番、甘くておいしいのはあんこだよ」とね。中華料理で円卓をかこんで食事をしている時だった。馬場さんは「ゴマ団子、食べるか？」と言ってきた。それがまた熱くて甘くて見事なほどオイシかった。

もう一つ大事なことを思い出した。日本の民謡を聴くことが好きだったというのだ。演歌なら分かる。民謡？　地方会場で試合があった時、その土地のホテルに泊まらずそのままバスか車で東京に帰って来ることがある。それをハネ立ちと言った。その車の中でずっと民謡をＢＧＭとして流した。

車に同乗していた人はおそらく限りなく眠たくなったはずだ。民謡マニアだったとは馬場さんの意外な一面ともいえる。その民謡のＣＤも持って行こう。ウン、これで土産物も万全だ。しかし夢がまた私をハワイに運んでくれるのだろうか。その方が心配だ。

全日本プロレスを一座のように率いたジャイアント馬場

馬場さんは全日本プロレスの社長だった。そして日本を代表する人気プロレスラーでもあった。しかし経営者には向いていない。それは苦手な部類に入る。リングに上がるとその存在感とパフォーマンスは抜きん出ていた。その二面性が馬場さんである。

だから全日本プロレスは馬場一座。馬場さんはその一座の座長と考えた方が分かりやすい。全日本プロレス自体が日本テレビの子会社的イメージがあったからだ。日本テレビは力道山時代からプロレス中継をしてきたプライドがある。馬場さんは「テレビがバックになかったらプロレス団体はやっていけない」というのを持論として持っていた。

全日本プロレスは地方に巡業する時は大型バスでまわった。力道山時代は鉄道を利用した。

巡業バスという発想はまだなかった。その大型バスに馬場さんは元子さんを同行させた。男の仕事場。それもプロレス。そこに社長夫人が常についてくる。これはレスラーにとって非常にやりづらいことだ。バカなことができない。移動もホテルも常に元子さんの目が光っている。元子さんは全日本プロレスの子会社、ジャイアントサービスの社長でもあった。グッズやパンフレットなどを販売していた会社である。

元子の悪口を言った者は後継者にしない

それにしても夫人を常に仕事場に連れていくのは異例だ。世界中を見渡してもプロレスの歴史をひもといても他に例はない。力道山やアントニオ猪木が夫人を巡業バスに同行させるだろうか？　社長のやることだからまわりの人間は文句が言えない。

夫人同行は欧米スタイルともいえるがそれはパーティーなどに限定される。仕事場は別だ。レスラーの妻たちは夫が巡業に出ると一か月、家に帰ってこないのはざらだ。ひたすら夫が帰ってくる日を待っているしかない。

これはアメリカでは通用しない。妻は夫と過ごす時間がないと離婚する。それもあっさりとだ。巡業から帰ってみると家の中はからっぽ。何もなかった。もちろん妻はそのままどこかに消えていなくなっていたという例は少なくない。

　アメリカ人のレスラーには離婚経験者が多いのはそれが原因だ。元子さんは家でじっとしているようなタイプではない。その性格を知った上で巡業に元子さんを同行するスタイルを取ったともいえる。女が男の仕事に口を出すなという日本社会の絶対的法則を馬場夫妻は無視した。

　これは元子さんにしか通用しないことだ。元子さんにはいつ、どんな時でも馬場さんのそばにいたい、わたしが馬場さんを守る、その気持ちが非常に強かった。スターにはいろんな人が近寄ってくる。群がってくる。中にはややこしい人、怪し気な人、あぶない人がいる。それを元子さんは自分が関所となってがっちりガードを固めていた。入らせないのだ。

　たとえそれがタニマチやスポンサー的な人でもだ。馬場さんがクリーンでいられたのはこの元子さんのおかげだといってもいい。この元子バリアーは強烈だった。それを否定的に評する人には元子さんは女帝に見えたはずだ。こういう時、女性はいつも悪者にされる。野村監督や落合監督の奥さんも個性的存在だったが元子さんはそれ以上だったかも。

　馬場さんにとってはそんな元子さんが最良のパートナーだった。最後まで寄り添ってくれる女性がいるというのは男にとってこれ以上の幸福はない。元子さんは頑張り屋である。

負けん気が人一倍、強い。なにしろ世間では、馬場さんのことは好きだけど元子さんのことはどうもというのが大半だったからだ。

馬場さんはそのことを知っていた。自分のために元子が壁になってくれていることをだ。馬場さんの中には誰にも言わない一つのルールがあった。それは元子の悪口を言った者は自分の後継者にはしないという考えだ。自分が亡くなったら元子は孤立する。味方がいなくなる。その反動が目に見えている。だから自分が亡くなったら全日本プロレスという団体はそこで終わらせろという遺言を残している。唯一、元子のその後が気になっていたのだ。この馬場さんの予感は当たった。

さて、私の方だが毎日、祈るようにして眠りについた。夢の中でハワイにワープできることを願ってだ。残念ながら来る日も来る日も空振りの連続。なぜ、なぜ、ワープしないのか？　せっかく買って枕元に置いていた土産物の賞味期限が切れてしまった。どうしたものか？　何かいい案はないのか？　困った。このままだと二度と馬場さんに会えない。あせっても仕方がない。しばらく経った時である。馬場さんが常々言っていた言葉を思い出した。人間はどんな時でも正直に生きろ。ウソはつくな。人をだますな。ずるはするな。このことは馬場正平という名前からきている。

両親がそのつもりで正平とつけたのだ。正は正しく生きること。平は平和の平。人との争いごとを避けてみんな仲良く生きていこう。正と平、ジャイアント馬場のアイデンティティはこの二文字にある。私ははたと高級和紙を求めてそれを買ってきた。筆もだ。さっそくその和紙に正と平の字を筆で何枚も書いていった。それを部屋中の壁にベタベタと貼った。床の上にも置いた。もう部屋中、正と平の字で埋め尽くされた。

そして私は正と平の二つの字に包まれて眠りについたのだった。そうしたらどうだろう。言霊の力ってやはりあるのだ。夢の中でまたワープすることに成功したのだ。ハワイに飛んだ。そこには馬場さんがいた。いたよ。

馬場さんは私を見てニッコリ笑った。「オー、よく来たな！」といって歓迎してくれた。すぐ私はバッグの中から羊カンといちご大福を馬場さんに渡した。目を丸くして「オー、ありがとう！」。キャンバスを見ると前に描いていた時から筆が進んでいないようだ。悩んでいるのか、考え込んでいるのか、どうしたんだろう。

「なまじ絵の教室で勉強をすると逆に描くことがむずかしくなった。自分の絵を自分でチェックしてしまうんだよ。これはダメだ。あれはダメだとね……」

自分にきびしいことは馬場さん、いいことですよ。馬場さん、ここには馬場さんと大海原しかない。馬場さんはこの大自然とハンディキャップマッチをしているようなものです。だって相手は無言ですから、沈黙したままですから。時間が止まっているような。それでいて秒針だけは確実に一秒ごとに時間を刻んでいるような。そんな世界である。

「あのさあ、ここにいると毎日、不思議なことがあるんだよ！」

「それって前に会った時、言われていたことですか？」

「海の向こうから風に乗ってこちらに白いものが飛んで来る。何かと思ったらそれが手紙だったんだよ」

「え、手紙ですか？」

「そうだよ、表には前略馬場さんへと書いてある……」

「差し出し人は誰なんですか？」

「それが元子からなんだよ。封を切ると白紙の便せんが入っている」

「どういうことですか？」

「ワシにも分からん。何かひと言でも書かれていたらそれなりの対応ができる。これでは手の打ちようがない」

純愛最長時間を記録

かつて馬場さんと元子さんは二人の間で手紙のやりとりをしている。その数は二千通とも言われている。もっと多いのか、その手紙は今でも残っている。

二人は手紙魔だったのだ。馬場さんはメモ魔でもあった。アメリカに遠征していた時、試合をすると今日のギャラ、ファイトマネーはいくらだったとすべて記録していた。馬場さんがお金に対してはきわめてシビアな感覚の持ち主だったことはいうまでもない。

アメリカでの馬場さんのファイトマネーは力道山、フレッド・アトキンス、グレート東郷が握っていた。馬場さんにはいくらのお金が支払われたのだろうか。

馬場さんと元子さんが初めて会ったのは馬場さんが一七歳。元子さんが一五歳だった。そこから二人だけの愛の大河ドラマがスタートを切った。両親から馬場さんとの結婚を反対されると一九六七年の春、元子さんは勝手にロサンゼルスに渡った。馬場さん二九歳。元子さん、二七歳。最初の出会いから一二年。元子さんが取った行動は強烈だ。

つまりこの時点で元子さんは両親と日本の両方を捨てるという手段を取った。一九六七年といえば昭和四二年だ。こうなると馬場さんの心にもスイッチが入る。馬場さんの方から元子さんがいるロスに通うという形になる。

今でいう長距離恋愛。それも太平洋をはさんでのことだからスケールが違う。これは明らかに元子さんが馬場さんをゲットしにいっている。一点の迷いもない。恋愛に関しては女性の方がスナイパーだ。本気になったら的をはずさない。迫力が違う。こうして馬場さんは一九七〇年、ハワイのオアフ島にマンションを買っている。一九七〇年といえば大阪で万博が開催された。七〇年安保。三島由紀夫の自決、そんな年だった。そして一九七一年九月、二人だけの結婚式をハワイで挙げている。そこに元子さんの両親はいない。

これは誰も真似できない史上空前の大恋愛と言ってもいい。日本がダメなら海外がある。発想が飛んでいる。自由だ。世の中や家族からの完全な独立宣言だ。元子さんは女にとって真の自由とは何か？　それをみずから実践してみた。自分の意志、価値観ですべてを決める、自分の本能、感情しか信じない。一九七〇年。今からちょうど五〇年前。半世紀前にそんな行動を取っていた女性がいたとは、驚嘆に値する。ウーマンリブ運動家も顔負けだ。家族の世界から出たい。それが支配する磁場からの脱出である。無意識のうちに抑圧を溜めていたら馬場さんと出会った。巨人軍のキャンプ地である明石に馬場さんは来ていたのだ。元子さんは明石の出身。女性の中には「わたしと一緒に逃げて。わたしをどこか遠くへ連れて行って！」という願望がどこかにある。

「馬場さん、白紙の手紙を毎日、もらっても困るでしょう？」

「そうだよな。困るよな。でも、いい方法を思いついたのだ」

「何ですか？」

「元子に返信するんだよ。白紙の便せんに何かを書いて送るのさ。これなら彼女も喜ぶはず。元子はそれを期待しているんだよ」

「でも、どうやって届けるんですか？　元子さんの居場所は分からないでしょ？」

「海の向こうから来たんだから、今度はこっちがそれに向かって投げ返すんだよ。するとオレが書いた手紙がすうっと気持ちよく飛んで行った。きっと元子の所に届くんじゃないかな」

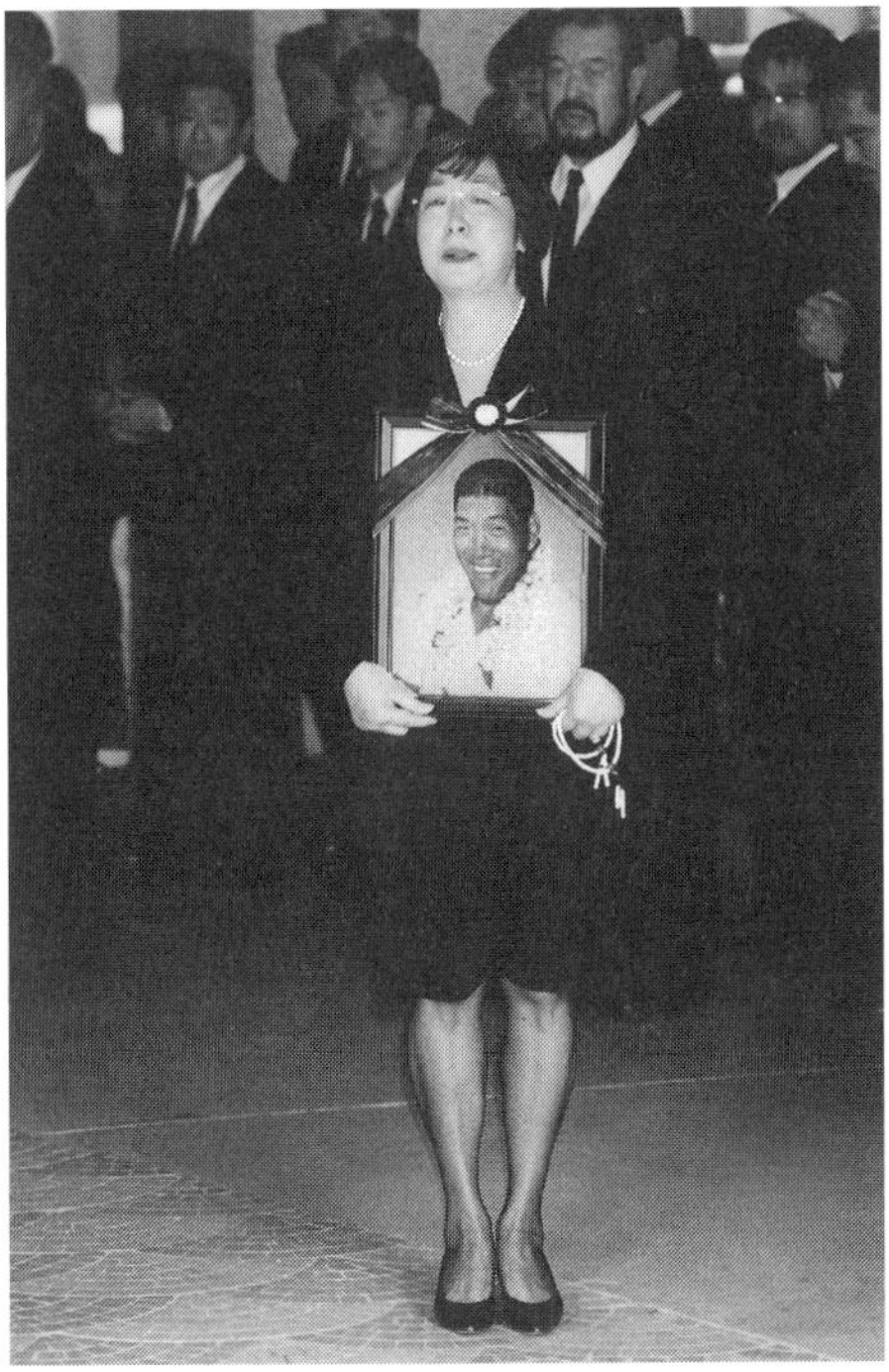

馬場に惚れ、純愛を継続させた元子

こうして馬場さんと元子さんの手紙のやりとりのシーズン2が始まった。崖の上。キャンバス。海。夕陽。手紙。今、元子さんはどこにいるのだろうか。馬場さんと一緒になったことで普通の女性が経験できなかったことをいっぱい体験した。

世界中を旅行した。そのことを可能にしてくれたのが馬場さんである。自分の人生は自分で選択する。決める。それには闘わなければならない。妥協したら終わりだ。主婦としてよりも、妻としてよりも、ミセス・ババの道を選んだ。外国人レスラーはみんな元子さんのことをミセス・ババと言った。

「馬場さん、手紙にはどんなことを書いているんですか？」

「昔のことだよ。それも日本とかプロレスのことではなくハワイ、アメリカが中心かな。元子とはずっと旅をしていた感覚がある。故郷を離れた人間はみんな人生の旅人さ。そういえば元子は旅をしている時が一番楽しそうだった」

私はもうこの崖に来ることはないだろう。馬場さんにはそれを言わずに別れた。馬場さんはおだやかな人である。お嫁さんも性格のやさしい人を選ぶはずだ。元子さんは自分の意志を曲げない強い気性、本来ならこの組み合わせはない。馬場さんは元子さんに惚れられた。そういう経験はしたことがない。

完全に直球勝負の愛である。純愛以外には成立しない二人だった。純愛は多くの場合、期間限定で終了することが多い。まだ大人に成り切っていない年齢とかである。純愛がショートスタンスであることは一つの宿命だ。

馬場さんと元子さんは馬場さんが先に亡くなり、そのあと元子さんが亡くなるまで続いた。純愛最長時間を記録。これはもう納得の人生というしかない。純愛に温度差はない。

あったら純愛とは言わない。この純愛をリードしていたのは馬場さんではなく元子さんだ。馬場さんは誰よりもそのことを知っていたはずだ。

妻だから見える「プロレスの生命力」

――「あとがき」にかえて

福留崇広

プロレスラーの妻を取材したいと思ったのは、藤波伽織さんの話を聞いた時だった。

伽織さんは、夫の辰爾さんが新日本プロレスに所属していたころ、ほとんどの首都圏の会場は自らが運転し送迎していたという。

夫を会場へ送った後、伽織さんは、運転席からファンの姿を見ることが好きだった。

ある時、ケンカでもしたのだろうか、不貞腐れた子どもが父親と距離を取って入り口に向かう親子の背中を見た。

午後九時過ぎに試合が終わると、歩きながら父親へ試合の興奮を伝える少年がいた。

その光景に微笑んだ伽織さんは次の瞬間「アッ……」と気が付いた。笑顔で寄り添う親子は、試合前に互いを遠ざけて会場に入った同じ父と子だった。

伽織さんが見たのは、その親子だけではない。試合が終わると大多数のファンが幸せそうな表情を浮かべて会場から出てきた。

「主人と結婚する前は、プロレスの会場でファンの方があんなにいい表情をして帰るなんて知りませんでした。あんなに離れていた親子がプロレスを見て、絆を取り戻している姿を見た時に、主人は『なんて素晴らしい仕事をしているんだろう』って思ったんです」

私はこの話を聞いた時、プロレスには妻だけが見る景色があることを教えられた。そして、その視線を取材したいと思った。これが、この本を書いた最大の動機である。

取材した妻たちの人選は、細かい理由を挙げれば様々あるが、とどのつまりは私自身が「今、話を聞いてみたい」という衝動的な思いだけである。そこは著者の特権とご容赦願いたい。

取材した妻たちには、いくつかの共通項があった。

ひとつは、無邪気なほどの明るさだった。

過去の苦労も困難も誰もがすべて笑い話のように打ち明けてくれた。しかも過酷な記憶ほど鮮明で、聞いているこちらが辛くなることもあったが、向かい合った彼女たちは驚くほど朗らかだった。

「なぜ、そこまで明るく話せるんですか？」

剛竜馬さんの妻・八木幸子さんに率直にこう尋ねると即答された。

「今の私があるのは、そういういろんなことがあったおかげなんです。だから、あの人には感謝しているんですよ」

すべての過去は現在の糧。マイナスをプラスに変える力をプロレスラーの妻たちは、持っていた。

明るさに加えて共通していたことは、胸の底に沈んでいるかもしれない他人への恨みと愚痴を一切、漏らさなかった。

その答えを藤波伽織さんは「私にとって主人がすべてなんです。主人しか見ていないので他の人のことはどうでもいいんです」と教えてくれた。

プロレスは、裏と表、リアルとフェイク、スポーツとエンターテインメント……など、二つの顔をあからさまに背負った唯一無二の特異なジャンルだと思っている。

磁石のN極とS極のように相反する二つの磁場が常にくっついて進んでいるところが見る側にとっては、ふられてもなお心に残るかつての恋人のような魅惑的な香りがあると思っている。

ただ、一方で本来、NとSはくっつくはずはなく、その両極がつながっていることは大多数の人たちには理解されない。そこがプロレスの中傷と差別の対象となっているとも考えている。

何が言いたいのかと言えば、私が考えるプロレスを見る楽しみは、反発する二つの見方を同時に想像し考えることが醍醐味なのだ。

しかし、妻たちは違った。

プロレスへの視線は、たったひとつだけだった。ストーリーや対戦相手なんかどうでもよかった。藤波伽織さんが言った「主人しか見ていません」の言葉に象徴されるように、すべては夫を通じて感じたリングであり、称賛でありブーイングであり、闘いだった。

妻たちは夫だけしか見ていなかったのだ。

この一筋の視線があることを今回の取材で初めて知った。

取材する前に、妻たちの証言だけでなく第三者に話を聞くことを考えていた。例えば、藤波伽織さんなら長州力さん、あるいは長州さんの妻の言葉が必要だと思っていた。

しかし、それは妻たちの一途な話を聞くうちにやめることにした。

この本は、今まで知らなかった妻たちが見た景色を伝えることがメインテーマ。第三者の証言を入れると、そこに濁りが生じる危惧を察知したからだ。

今後、もしチャンスがあれば、第三者を取材し別の原稿を書きたい思いはあるが、筆を擱《お》いた今、私が考えた「プロレスラーの妻たちの言葉を届ける」という願いは、達成できたと思っている。

ターザン山本さんと共著になった理由は、銀座の居酒屋「三州屋」での雑談がきっかけだった。

令和元年の初夏、ビールを飲みながら藤波伽織さんから聞いた話を山本さんに打ち明け「いつかプロレスラーの妻を書きたいんです」と明かした時に突然、「オレも書きたい！会いたい人がいる」と絶叫し右手を挙げた。

そして、かつて剛竜馬さんの自宅に招かれた時に会った妻・幸子さんとの再会を熱望し、卍固めをかけられたように山本さんに手足をロックされ、具体的に行動を開始した。

そこから、かつて構成を担当したアントニオ猪木さんと村松友視さんの共著『猪木流「過激なプロレス」の生命力』でお世話になった河出書房新社の太田美穂さんに企画を相談し、図らずも快諾され、報知新聞社の寛大な許可も得た上で今回の一冊が生まれた。

本書は、常に温かい言葉で励ましていただいた河出書房新社の太田さん、写真を提供していただき撮影していただいたカメラマンの山内猛さんのサポートがなければ出版はできなかった。深く感謝している。

また、表現者として敬愛する山本さんと共著になったことは光栄であり喜びである。

そして何よりもこちらの依頼を快諾していただいた妻たちには深く感謝している。

ありがとうございました。

実は、取材から執筆は今年一月に終えていた。しかし、その後、出版に至る道の中で新型コロナウイルスの世界的流行で日常が激変した。日々、揺れ動く現実は、呆然の連続でどんな言葉も何と無力かとうつむくこともあった。

そんな時に思い出したのが、力道山の妻・田中敬子さんと髙山善廣さんの妻・髙山奈津子さんの二人が明かした同じ言葉だった。

「とにかく生きなくちゃ。生きていれば何とかなりますよ」

この本を読んでいただいたすべての方にプロレスラーの妻の言葉が明日への糧になることを心から願っている。

ターザン山本（本名・山本隆司）

1946年、山口県生まれ。
立命館大学文学部中国文学専攻を中退。
77年、新大阪新聞社に入社し「週刊ファイト」でプロレス記者としてスタート。
80年、ベースボール・マガジン社へ移籍。
87年、「週刊プロレス」の編集長に就任。
96年8月に同社を退社後、フリーとして活動する。
主な著書に『ザッツ・レスラー』『往生際。』など多数。

福留崇広（ふくとめ・たかひろ）

1968年、愛知県生まれ。國學院大学文学部哲学科卒業。
92年、報知新聞社入社。現在、コンテンツ編集部所属。
プロレス、格闘技、大相撲、ボクシング、サッカーなど、
選手と競技の生み出すドラマを丹念に取材してきた。
著書に『さよならムーンサルトプレス』ほか。

妻たちのプロレス　男と女の場外バトル

二〇二〇年八月二〇日　初版印刷
二〇二〇年八月三〇日　初版発行

著者　ターザン山本
　　　福留崇広
発行者　小野寺優
発行所　株式会社河出書房新社
〒一五一－〇〇五一
東京都渋谷区千駄ヶ谷二－三二－二
電話　〇三－三四〇四－一二〇一（営業）
　　　〇三－三四〇四－八六一一（編集）
http://www.kawade.co.jp/
印刷　株式会社亨有堂印刷所
製本　大口製本印刷株式会社
Printed in Japan　ISBN978-4-309-02909-2

河出書房新社の本

アリと猪木のものがたり

村松友視

奇跡的に実現したアリ×猪木戦。ブラック・ヒーローとして闘い続けたボクサーと、過激なプロレスに突き進んだレスラーの運命的な交わり。著者入魂のライフワーク。

猪木流 「過激なプロレス」の生命力

アントニオ猪木

プロレスを表現にまで高めたアントニオ猪木と、猪木を論じることで作家になった村松友視が、猪木流人生の全軌跡を振り返り、過激な名勝負の生命力を語り尽くす。

証言「プロレス」死の真相

アントニオ猪木・前田日明・川田利明・丸藤正道ほか

猪木、前田……十六人の遺族、関係者が明かす、プロレスファンを熱狂させたレスラー十四人の真実の晩年、そして死の謎。衝撃のエピソード溢れるノンフィクション。